残業だらけで倒産寸前だった会社の経営者になった私が、3年間で売上を3倍にできた理由

小島清一郎
KOJIMA SEIICHIRO

幻冬舎 MC

残業だらけで倒産寸前だった
会社の経営者になった私が、
3年間で売上を3倍にできた理由

はじめに

独立行政法人　中小企業基盤整備機構のアンケート調査によれば、中小企業のおよそ70％が人材の不足を感じているそうです。

新たな人材採用が難しいなか、すでにいる人材一人ひとりの生産性を向上させることが、中小企業の喫緊の課題になっています。

生産性とは「アウトプット（産出量）をインプット（投入量）で割った」ものです。つまり、アウトプットである仕事の成果をできるだけ高める一方、インプットである労働時間をできるだけ少なくすることで、その向上を見込むことができます。

そのためには、一人ひとりの働く意識の変化が必要であり、時間あたりのパフォーマンスを上げてもらうことが必須です。

アウトプットである仕事の成果を上げることについては営業やマーケティングのノウハ

ウがよく知られています。しかし、インプットである労働時間を少なくすることについては、その方法を見いだしている企業は多くはないと思います。

最も効果的な方法として残業の削減があることに議論の余地はないでしょう。会社全体で見れば、労働時間だけでなく人件費というインプットをも少なくすることができるからです。

残業代については、その人の給与を時給換算して1・25倍、場合によっては1・5倍の時給で支払うよう法律で定められています。つまり、残業時間が会社全体で常に週40時間を超えているようであれば、新たに1人雇って正規の時間で働いてもらうほうが効率が良くなる場合もあります。

残業代は従業員の側から見れば「長時間労働を行うことで収入がアップする」仕組みでもあり、稼ぎたい従業員にとって長時間労働のインセンティブとして機能してきました。しかし長時間労働は気力も体力も使いますから、残業をすればするほど仕事の能率は落ちていきます。

また残業が無制限に許されていると、従業員の間にはどうしても「残業して仕事を終わらせればいいや」との考えが強まり、生産性が向上しづらいのです。

私は、32歳という若さで経営者となりました。

当時の私は、税理士であった父の会計事務所を将来継ぐために税理士資格を取得するべく、まだ国家試験を受験している途中でしたが、父が経営から離脱せざるを得なくなり、突然、経営に携わることになったのです。

その頃、会社には問題が山積みでした。労働基準監督署から「みなし残業やボーナスでの還元ではなく、きちんと残業時間を計算して残業代を支払うように」との勧告まで受けるほど従業員の残業時間が多く、その結果として会社には常に疲弊感が蔓延し、離職率が7割近くまで上昇しているような状態にありました。従業員の士気が低く長時間労働が続いていたのですから、当然一人あたりの生産性も低く、今であれば「ブラック企業」と呼ばれても仕方のない職場環境でした。

そこで私が最初に取り組まなければならなかったのが残業時間の削減です。

残業時間を減らすには、「残業を禁止」して「どうすれば就業時間内に仕事を終わらせられるか」を考えてもらうことで、従業員の仕事に対する意識を高める必要がありますが、個人の意識を高めるだけでは仕事の効率化には限度があります。

そこで各人の仕事を「見える化」して、データ入力や書類整理などの補助作業を非正規従業員に切り分けて、スキルの高い正社員にはその人にしかできない仕事に集中してもらうなどの施策を行いました。また、集中したいときだけ使う特別ルームを作るなどして、そこにいるときは電話の応対や部下からの相談などに応じずに済むようにし、効率化を図りました。

仕事が「見える化」されて、それぞれの労働時間と成果がオープンになると「マイペースに仕事をして残業で帳尻を合わせていた」従業員のなかには、環境の変化についていけず辞める人も出てきましたが、それは改革の痛みとして引き受ける覚悟で進めました。

一方で「頑張ってはいるけれども能力不足で成果が上がらない」従業員に対しては、勉強や能力向上の機会を提供してフォローするなどの施策も行いました。

その結果、今では当時と比べて従業員一人あたりの生産性が2倍になり、生産性が向上したことで会社の業績も向上し、年間休日数は101日から121日へ有給取得率も85%へ向上し、この改革は多くの従業員に喜ばれることになりました。

この成果は私の施策に加えて、従業員一人ひとりがもてる力を最大限出してくれたからではないかと考えています。

これは謙遜ではありません。税理士資格を取得する前に、あまりにも若くして経営の責務を負ってしまったため、従業員一人ひとりの意識を高めて、それぞれに最大限のパフォーマンスを発揮してもらうことだけが私の取れる手段でした。何も知らない私自身が現場に出ても、ここまでの成果を上げることはできなかったでしょう。

書籍出版のお話をいただいたとき、私のような若輩者が経営のノウハウを語るのはおこがましいという気持ちもありましたが、日常的に仕事で若い社員の発想力に驚かされていることもあり、若い世代の経営者の声を社会に届ける意味でお引き受けしました。

本書が日夜お客さまのために心をくだいている真摯な経営者の方々のお役に立てば、これに勝る喜びはございません。

目次

第2章

膨大な残業をなくさないと会社がつぶれる

第3章

生産性を上げれば残業なんて必要ない

第4章

プロ経営者として成果を上げるために

第5章

福島の企業として、日本の企業としての決意

第1章

予期せぬ事件発生から、突然、経営者になった

あなたは「経営者」になりたいですか？

子どもの頃の私は、「経営者」というのはなんとなく「偉い」人なのだと感じていました。そして、会計事務所の「経営者」である父のことを、仕事の内容はまったくわからないながらも尊敬していました。

ところが、実際に自分が株式会社の「経営者」になって感じたのは、「経営者」とはただ「偉い」だけでなく、会社におけるすべての責任を背負う「大変」な存在であるということでした。

「経営者」である私は会社の方針を決定する権限を持っていますが、もしそれが間違っていて、会社の業績が下がって、従業員のボーナスが少なくなったり、従業員のリストラを余儀なくされたりしたときに、その責任と怨嗟《えんさ》の声はすべて私自身に降りかかります。

逆にいえば、「経営者」である私には従業員と従業員の家族の生活がかかっているので、間違っても会社の業績を左前にするわけにはいきません。
「経営者」という大いなる権限には、大いなる責任が伴っていたのです。

そのような「経営者」の責任を私が背負うようになったのは、突然の「事件」がきっかけでした。

当時、私が働いていたのが父の会計事務所であり、現在、私が経営者を務めている会社というのは、その会計事務所を出身母体とする株式会社なのですから、人によっては、既定路線で父の後を継いだかのように見る人もいます。

その理解が間違いだというつもりはありませんが、皆さんに知っておいていただきたいのは、当時、私がまだ32歳の若造だったことです。

もちろん、父の会計事務所で働いていた以上、長男である自分がいずれは後を継ぐのであろうという漠然とした考えはありましたが、それは父の引退後の話であり、おそらくは20年以上あとのことだと考えていました。

20年後のことにリアリティをもって備えられる人はあまり多くはありません。私自身、まったく後を継ぐ準備も覚悟もしていませんでした。

それなのに、なぜ急に経営に携わることになったのか。そのきっかけとなったのは、どのような「事件」だったのか——個人的な話ではありますが、経営とは何か、経営者とはどんな存在なのかを私に深く考えさせる出来事でしたので、そこから話を始めたいと思います。

突然やってきた男たちの正体は？

あれは2013年のことでした。

当時、父の会計事務所には私も含めて20人ほどの従業員が働いていました。

会計事務所というと、いつも机の前でパソコンや書類とにらめっこしている内勤のイメージが強いのですが、従業員のそれぞれが多くのお客さまを抱えていて、打ち合わせはお客さまの会社に訪問して行うので、その日、社内に残っていたのは半数程度でした。

突然、外がにぎやかになったかと思うと、グレーのスーツを着た男たちが事務所にやって来たのです。

「労働基準監督署です。突然ですが御社の調査を行いたいと思いますので、ご協力願えますか？」

もちろん、事前のアポイントメントはありませんでした。

「どのような調査でしょうか」

所長である父が応対に出ましたが、遠くからでも声がピリピリしているのがわかりました。

１９４８年生まれの父は、当時の人間としては普通なのかもしれませんが、私たちの世代から見ると気が短いところがあり、突然の労働基準監督署の訪問にイライラしているようでした。

税理士として自分はやましいことはいっさいやっていないとの自負があるため「調査」などと言われて腹が立ったのかもしれません。

どうやら、労働基準法や最低賃金法などを遵守しているかどうかを調べたいということですが、なぜうちが調査の対象になったのかさっぱりわかりませんでした。

父もそこが気になったようです。

「仕事が忙しいのになぜ事前に予告しないのか」とか「どのような権限でそんなことを言うのか」などと揉めているようでした。

父の声がだんだんと大きくなってきたので、仕方なく私が息子として「何かお手伝いできることはありますか」と応対を代わることになりました。

あとでわかったのですが、労働基準監督署の立ち入り調査は、原則として事前通知が必要な税務署の税務調査と違っていきなりでも構わないもので、監督官は特別司法警察職員として、法律違反があった場合などの逮捕権まで持っているのだそうです。


こちらとしてはいったいなんの疑いがあるのかもわからず、言われるがままに就業規則とか、タイムカードとか、給与明細書などの書類を提出しました。

労働基準監督署の職員は書類だけでなく、事務所の従業員を一人ずつ別室に呼び出して、勤務実態の聞き取り調査も行っています。

父の代わりに応対を行った私は、その日はまったく仕事になりませんでした。

事務所の終業時間になると労働基準監督署の職員たちは、「また明日来ます」と言って帰っていきました。

まだ終わらないのかとうんざりしたことを覚えています。

丸一日、応対をしていた私は、なんとなく労働時間が問題かもしれないぞと目星がついてきました。

労働基準監督署の是正勧告とは？

今でこそ「サービス残業はよくない」「ワークライフバランスにのっとった労働時間を」「過重労働がストレスと過労死を招く」などといわれていますが、２０１３年当時はまだそのような声はあまり大きくありませんでした。

特に、福島のような地方都市ではいまだ「昭和の価値観」が根強く、残業が当たり前のような風潮がありました。

ここでいう「昭和の価値観」とは、１９８８年に発売が開始された栄養ドリンクのＣＭソングの有名なフレーズ「24時間戦えますか」に象徴される、サラリーマンは滅私奉公で会社のためにバリバリ働くのがかっこいいというものです。

当時、私自身も、同僚も皆毎日、当然のように残業をしていました。残業を前提とした仕事量だったこともありますが「先輩よりも先に帰ってはいけない」、「先輩よりも早く出社しなければいけない」、「仕事のできる人間は長時間働く」などといった「体育会系的価値観」に縛られていたことも挙げられます。

もちろん「先輩より先に帰ってはならない」などとは就業規則には書かれていません。しかし、明記はされていないけれども暗黙の了解として共有されているビジネスマナーが、当時の会社にはたくさんあったのです。

私自身、所長の息子として周囲から観察されていましたから、午前1時や2時まで仕事をしていましたし、それを疑問視する人もいませんでした。

当時は、仕事内容よりも仕事時間のほうが評価の対象になっている節もありましたし、電通の新入社員の女性が自殺して過労死認定されるのは、その数年後の2016年のことです。ですから、労働基準法や労働安全衛生法に照らして、長時間残業がコンプライアンス（法令の遵守）違反になるなどといった考えはまったくなく、そこを労働基準監督署から問題視されてしまいました。

数日間の立ち入り調査が終わってからしばらく経って、法律違反が見つかったと、労働基準監督署から「是正勧告書」が公布されました。

明確に共有された就業規則がないことや、タイムカードがきちんと押されていないことなど、細かい是正点はいくつもあったのですが、うちにとって最も痛い指摘が「残業代が法規定どおりに支払われていない」ことでした。

これも不勉強で知らなかったのですが、残業代は各人の給与からその人の時給計算をして、残業をした時間分をきちんと時給で支払わねばなりません。

しかも、残業代は規定外労働として、超過勤務手当や休日手当、夜勤手当などと呼ばれて、通常の人件費よりも高額の支払いになっています。

労働基準法によれば、労働時間は1日8時間、1週間40時間が原則であり、それを超えた場合は時間外労働として基礎賃金の1・25倍で支払わねばなりません。

時間外労働の合計時間が月60時間を超えた場合には、1・5倍になります。

うちの場合は、残業時間を正確に計っていませんでしたし、その残業代もボーナスへの反映というどんぶり勘定で、明確な支払いを行っていませんでした。

そこで早急に残業代の支払いシステムを整えたうえで、さらに過去2年間の残業代についてもさかのぼって支払わねばならないとされたのです。

正直、事務所の経営的には非常に大きな痛手でした。労働基準監督署の方も、多くの零細企業が同じような働き方をしていることは知りつつ、次のような言葉を掛けてくれました。

「調査を行って違反が発覚した以上、法律の規定どおりに直していただく必要があります。御社には未来の会社のさきがけとなっていただきたい。今頑張ってここを是正しておけば、絶対に良い会社になって規模も大きくなります」

この言葉は今も私の心の支えとなっています。

会社がつぶれるかもしれないという危機感

労働基準監督署から是正勧告がおおやけに交付された以上、会社の改革は待ったなしです。まず、すべての従業員について、過去2年間にさかのぼって残業代の金額の算定を始めました。

もちろん私自身もその対象になっていましたが、経営者である父の心情を慮って、私は残業代を請求する権利を放棄しました。そのほか、古くから在籍していて、父に多大な恩を感じている社員は、少なからず過去の残業代の減額に応じてくれました。

それについても、一人ひとりと契約書を交わしてサインをもらわねばならないので、事務手続きが大変でした。

さらに、今後は法律の規定どおりに残業代を支払わねばならないということで、人件費が跳ね上がったのも経営的にはきつかったです。

さしあたっての大きな課題は、個人事業としてではなく組織として存続発展していく「経営」に改善していかなければならないことでした。

そこで税理士法人を新たに設立して、税理士さんを新たに雇用することにしました。

税理士法人とは、２００１年の税理士法改正によって設立できるようになった比較的新しい法人です。

それまで、税理士というのは会計事務所や税理士事務所を開業して個人事業主となるか、そうでなければ勤務税理士となるかの二択しかなく、法人を創ることができませんでした。

そこで、税理士専用の特別法人として税理士法人の制度が作られました。業務内容は会計事務所や税理士事務所と変わりませんが、法人となることでより永続的な経営ができます。

例えば、会計事務所や税理士事務所は、代表である税理士の個人事務所でしかないので、その人が急逝したり業務を行えない状態になったりすれば、営業ができなくなってしまいます。しかし、税理士法人であれば代表である税理士が亡くなっても、新たな税理士が業務を引き継ぐことにより組織として永続的に存続することができるのです。

税理士法人の設立には2人以上の税理士が必要ですが、方々を当たって、税務署OBの税理士2人の方が一緒に働いてくれることになりました。税務署で23年以上勤務した方は、税理士試験を受験せずとも研修を修了するだけで税理士資格を取得することができます。

そのため、定年退職後の第二の人生として税理士開業を目指す税務署OBの方が一定数いるのですが、その方たちは税務署で培った知識と経験があるので、顧客にとっても価値のある存在です。

そこで、父が経営していた会計事務所の顧客を引き継いだ新たな税理士法人の社員になってくれませんかと話を持ち掛けて、快く了承してもらうことができました。

グループを設立して「経営者」になる

こうして、労働基準監督署の立ち入り調査から始まった激動の1年半を乗り切り、新たに設立した税理士法人はなんとか存亡の機を乗り越えました。

ところで、ここで注意していただきたいのですが、この1年半を通じて、私は一度も「社長」や「所長」といった肩書きは持ちませんでした。

なぜならば、以前の会計事務所は税理士である父の個人事務所ですから所長を交代することはできませんし、税理士法人は税理士専用の法人で、税理士しか社員になれないからです。当然、代表にも税理士が就きます。

その一方で、この1年を通じて、父の会計事務所の経営の危機を立て直し、税理士法人を設立するためにリーダーとなって動いたのは私でした。父の会計事務所は新たな税理士法人に発展解消したかたちですから、この組織の実質的な経営を主導したのは、肩書きを持たない私であったともいえます。

激動の一年が終わる頃には、いつのまにか周囲も、私を新たな「経営者」として認めてくれるようになりました。

しかし、税理士資格を持っていないために、正式に「経営者」にはなれないのです。このいびつなかたちを解消するために、私はほかにもあった別会社も含めて、ケーエフエスグループを創り、2015年1月にグループ代表に就任しグループ経営の中心としてホールディングス機能を持つ新たな株式会社ケーエフエスを2017年4月に設立しました。

そうして、新会社の代表取締役として就任することで名実ともに父の後を継ぐ「経営者」として、経営に携わるようになったのです。

1年前には想像もしていなかった事態でした。

現在、ケーエフエスグループには5つの法人があります。

一つ目は、グループの中核であり、経営コンサルティングを行う株式会社ケーエフエス。

二つ目は、1979年創業の小島会計事務所を前身とする税理士法人ケーエフエス。

三つ目は、1986年に父が設立した事務所を前身とする株式会社ケーエフエスコンサルティング。こちらは現在、コワーキングスペースの運営を手掛けています。

四つ目は、保険代理店の株式会社ＫＦＳライフ設計。

五つ目は、事業投資を行う未来経営パートナーズ株式会社。

以上のうち、税理士法人以外の４つの株式会社の代表取締役を私が務めています。

グループ全体でも60人の、福島を本拠地とする中小企業です。２０１３年当時の会計事務所から比べれば、従業員数で3倍、売上も3倍にはなりましたが、まだまだ発展途上の企業です。

しかし、「経営者」になるという意識がろくにないうちに、突然の「事件」に巻き込まれ、事務所存亡の機に瀕し、とにかくなんとかしなければつぶれてしまうともがき苦しんだため、まるで起業するような経験をさせていただくことができました。

経営者とは、事業の存続・発展のためにはできることはなんでもしなければならない、世話役のようなものであることもわかりました。

なんでも、といっても「経営者」の時間も限られていますから優先順位があります。

では何から行えばよいのか。私の場合は、急激に膨れ上がった残業代を抑えるために、残業時間の削減が喫緊の課題となりました。

第2章

膨大な残業をなくさないと会社がつぶれる

残業している人の感覚を体験する

労働基準監督署からの是正勧告で、残業時間を削減しなければならなくなったのですが、いったいどこからどう手をつければよいのか迷いました。

社長命令で「残業禁止」と通告するのは簡単ですが、従業員の納得を得られていないところでの強権的な上からの命令は、反感を呼び起こすだけで、社内の士気を下げてしまいます。逆に生産性が低下してしまい兼ねません。

労働基準監督署からの指示と説明することはできますが、結局、上からの命令であることには変わりありません。

人は、他人によって操作されたくない生き物ですから、大切なのは従業員が納得して自発的に残業をやめることです。

そこで、まずは「なぜ従業員は残業するのか」を身をもって知るために、自分自身が最も遅くまで残ってみることを3カ月間、続けました。

もちろん、それまでもかなり遅くまで残ってはいたのですが、従業員の立場で何も考えずに残業していた頃と、経営者の立場で「残業を減らしたい」と考えながら遅くまで残って、残業している従業員を観察するのでは、見えてくるものがまったく違います。

３カ月間、最も遅くまで会社に残り続けてわかったのは、従業員が決して残業を嫌がってはいないことでした。

労働基準監督署は「従業員の健康で文化的な生活のためにも残業はよくない」と言いますが、従業員はむしろ残業を当然のように受け入れているふしがありました。

なぜならば、残業をして遅くまで会社に残っていると、上司や先輩から「頑張っているな」と褒められて、承認欲求が満たされるからです。私自身、従業員だった頃は、残業する自分はかっこいいと感じていました。

また、上司や先輩よりも先に帰ってはいけないという、暗黙の了解があります。残業をするのが偉いというだけでなく、残業をせずに早く帰ると白い眼で見られて仲間外れにされるかもしれないとの、恐怖感まであったのです。

一方、毎日、最後の一人になるまで残業を続けてわかったのは、残業をしても、その時間に比例するほどに効率が上がらないことでした。

考えてみれば、それは当たり前で、人間が一日のうちに集中して仕事ができる時間は限られています。

一般的には午前中が最も頭が冴えていて、午後になればなるほど効率は落ちていきます。ましてや終業時間を超えての残業ともなれば、朝いちばんに比べれば集中力は半分以下になってしまいます。

つまり、経営者側から見れば、残業時間とは、人件費がかかる割には成果が上がらず、生産性が極端に低くなる時間になっているのです。

さらに、仔細に観察していると、仕事が終わらないからと残業をしている人は、隣とおしゃべりをしたり、煙草を吸うために頻繁に離席したり、疲れて頭が働かないからと休憩してネットを見たり、仕事としては不適当な時間が多くあるように見受けられました。

また「どうせ残業すればいいや」と考えていると、「終業時間までに仕事を仕上げなければならない」という気持ちが薄くなります。

何を隠そう、私自身がそうでした。

最初から残業するつもりで仕事をしていると、残業時間込みで仕事を終わらせる時刻を考えるので、どうしても仕事がだらだらと非効率になってしまうのです。

３カ月間、いちばん遅くまで残ってみて気がついたのは「仕事が終わらないから残業しているる」のではなく「残業時間があるから仕事を終わらせられない」のではないかということでした。

もちろん、なかには一生懸命頑張っても、どうしても終業時間までに終わらないというケースもあると思いますが、多くの場合は、無駄な時間の使い方をしているように感じられたのです。

私がそれに気がついたのには、もう一つ理由があります。

うちには、働くお母さんもたくさんいるのですが、保育園に子どもを預けて働いている女性は、子どものお迎えの時間を遅らせることができないので、尋常ではない集中力で仕事をこなし、時間どおりにきっちりと終わらせていたのです。

彼女たちは余計なおしゃべりはあまりしませんし、動きもきびきびとしていて、動作に無駄がありません。時間の制限があれば、誰でも仕事に対する集中力が高まり、効率がよくなるのではないかと私は考えるようになりました。

やはり残業は禁止すべきだと、あらためて思いました。

従業員が残業する理由を知る

「残業を禁止する」というのは、現在でこそ当たり前の手法になっていますが、当時はほとんど聞いたことすらないものでした。残業が「悪いこと」であるとの認識もなく、むしろたくさん仕事をしているのだから「良いこと」であり「かっこいいこと」だと考えている人がほとんどでした。

また「残業を禁止する」といっても、仕事量が減るわけではありませんから、それは「仕事のスピードを上げろ」という命令に等しいわけです。はっきりとした理由もなしに、これまでの仕事のやり方を変えろというのですから、従業員からの反発は避けられません。

実際、彼らが残業をしていたのは、残業代が欲しいからではありませんでした。労働基準監督署から是正勧告がある以前は、ボーナスの算定に影響するとはいえ、明確なかたちで残業代を支払っていなかったのですから、残業代欲しさに残業をしている従業員はいません。

では、なぜ残業をするのかといえば、それがなんとなく居心地がよいからです。会社に所属して働くという行為は、仲間意識を育てます。人間はなんらかの共同体に所属したいものですから、一日の大半の時間をともに過ごす会社の先輩や同僚に仲間意識を抱いて、その場を居心地のよいものにしようとするのは当然の行動です。

日本の会社は、朝礼であるとか、飲み会であるとか、あるいは社員旅行とかスポーツ大会などを通じて、仲間意識を育ててきました。

ですから、先輩や同僚が残って仕事をしているのだから自分も残って仕事をしなければと考えるのは、ごく当たり前のことだったのです。

特に独身男性の場合は、若いうちは仕事をすることで成長しなければならないと感じていることが多く、残業を厭わないところがありました。

ところが、労働基準監督署からの是正勧告で、「残業に対しては既定の残業代を支払うこと」と、「残業時間が多過ぎるので少なくすること」が会社の方針として定められました。そのため残業をできるだけ減らす方針を立てたのですが、これまで、残業を居心地のよいものだと感じていた人からは「会社のために働いてきたのになぜ？」という不満が出てきます。

また、過去2年間にさかのぼって残業代の支払いが行われたため、今後は残業をすればしただけ残業代が支給されるというおまけまで付いたのです。

従業員の側からすれば、残業は仲間意識の醸成になるし、一生懸命頑張っていると見られて評価も高まるし、残業代までもらえることになって経済的にも潤うし、残業を減らすインセンティブがまったくありません。

経営者側からすれば、「無制限に残業代を支払っていては経営が立ち行かない」といえるのですが、従業員側からすれば、「今までできていたことがなぜできなくなるのか」としか思えないでしょう。

実際に働いてくれている従業員に命令し、上から押し付けるのではなく、彼らの納得と理解を得られなければ、どんな方針を打ち立てたところで有名無実化してしまいます。

今は多くの会社で「残業時間を減らして生産性を改善しよう」という取り組みを行っていると思いますが、「家に持ち帰って仕事をするようになっただけ」とか「タイムカードを押さないサービス残業が増えた」とか、数値目標だけは帳尻合わせで達成しても、本当の目的を達成していないケースが多いと聞いています。

生産性改善の取り組みが失敗するのは、従業員の理解を得ないままに、上からの押し付けの指示命令になっているからだと思います。

残業を少なくした人の人事評価を高める

従業員から見たときの残業のメリットは次のようなものです。

① 上司や先輩、同僚からの評価が高くなる。
② 残業代がもらえるので手取り収入が増える。
③ 会社の仲間と長時間一緒に過ごすことで連帯感が高まる。

そこで、これらの残業のメリットがなくならないようにしなければ、本気で残業を減らすことはできないと考え、次のような方針を立てました。

①　残業を減らすことで仕事の評価が高まるようにする。
②　残業を減らすことで手取り収入が増えるようにする。
③　プライベートの時間を大切にすることで人生が充実するようにする。

まず、「残業をすると周囲からの評価が高まる」問題については人事の評価制度を変更することで対応しました。

これまで、残業をしている人間が評価されてきたのは「頑張っているように見える」、「長時間働いている」といった、上司からの心象評価によるものが大きく影響してきました。

この心象評価は簡単には変えられませんが、残業時間は数値で明確に表されるものですから、残業時間の少ない人に対して「タイムマネジメントがうまくできている」と評価を高くする制度を設計することで、かなり対抗することができるようになります。

逆にいえば、残業の多い人の評価を低くすることもできますが、それはしませんでした。

なぜならば、仕事が本当に多いときに残業をして終わらせるのは当たり前のことで、それを「悪いこと」であるとは規定できないからです。

一方で「タイムマネジメント」ができるかどうかを本人だけの責任にすることもできません。若い人が「タイムマネジメント」できないのはある意味では当然なので、上司の指導が必須になります。つまり、部下の残業が多くなるのは上司の責任でもあるので、部下が残業を減らせるかどうかが上司の人事評価にもつながっています。

上司が部下に対して「タイムマネジメント」を指導するために必要なのが、残業の申請制度です。

「終業時間までに終わると思っていたのに終わらなかったので残業します」を無制限に許していては、いつまでたっても時間をマネジメントする感覚が身につきません。

そこで、その日に残業をしたい人は、その日の朝に上司に口頭で残業申請を行い、その後に正午までに紙の残業申請書を提出して認可を受けなければならないことにしました。

このとき、上司は部下の残業申請をそのまま受け取ることはありません。その残業が本当に必要なものなのか、ほかの人に手伝ってもらうことで時間内に終わらせることはできないのか、自分が手を貸すことで残業が不要になるかどうか、明日以降に回せる仕事がないかなどをきちんとチェックした末に、本当に必要と判断した場合のみ、残業を許可するようにしました。

部下の残業は上司の管理不足と見なされるため、このような残業申請のチェックが、上司の毎朝のルーティンワークとなっています。

また、この作業を通して、上司は部下の仕事の進捗状況を把握することができます。

若い人にはたくさん仕事をさせて経験を積ませる必要がありますが、それは無制限に時間をかけてよいものではなく、決められた時間内に終わらせることをも教えなければなりません。だからこそ、何をどのように進めるかを上司がしっかりとコントロールする必要があるのです。

このように私の会社では時間の大切さを強く説いているので、時間のかかる会議などを設定すると、経営陣に対して異論が出ることもあります。

例えば、「新入社員研修を1週間行います」などと言えば、「新人の時間を1週間も拘束するような研修は本当に必要でしょうか」という問いが、経営者である私に返ってきます。

このように、経営者に対して意見がオープンに言える状態を見ても、この制度が上からの押し付けになっていない証明になります。

実際、会社で起きているすべての出来事は、社内が経営陣の方針に従った結果なのですから、極論では、残業が多かったり減らなかったりするのは、経営者の責任であると私は考えています。

残業を減らした人には手当を支給する

次に、「残業をすると手取り収入が増える」というインセンティブの解消に取り組みました。とはいえ、残業代を適切に支給せよというのは、労働基準監督署からの是正勧告にある内容ですから、不払いにするわけにはいきません。

従業員にしても、仕事を効率的にこなして残業を減らした結果、手取り収入が減ってしまったというのでは、なんのために頑張って残業を減らしたのか、意味がわからなくなります。

経営者というものは、すぐに経営側の視点でものを見てしまいますが、従業員の視点に立って考えなければ、みんなを本気で動かすことはできません。

そこで、残業を減らしたとしても、前年度の同月の残業代と同額を、残業代差額補填手当（残業削減補填手当）として支給することにしました。

前年度の同月と同額としたのは、会計業界には繁忙期と閑散期があって、その月によって残業時間が大きく変わるからです。

この手当の設定によって、従業員はどれだけ残業を減らしても収入が減らないことになり、なおかつ残業時間が減れば減るほど、時給が上がることになったので、残業削減に取り組むモチベーションが大きくアップしました。

この制度によって、残業時間の削減は大きく進みました。

経営者側から見れば、実際には働いていない時間に対しても残業代を支払うようなもので、不要な手当のように感じられるかもしれませんが、残業時間の削減という大きな目標を達成するためには欠かせない投資だったと考えています。

ちなみに、この制度によって残業時間が大きく減ったため、翌年からはこの手当をなくしました。1年間を通してみんなの身についた残業削減の意識は、手当がなくなったからといって元に戻るものではなく、翌年以降もさらに残業時間は減っていったので、1年限定の試みとして投資効果も高く、大成功であったと考えています。

残業しなくてもお金がもらえるなら残業をしなくなるだろう、という考えは、今では一般的に「みなし残業制度」として広く普及しています。

私の会社も手当と並行して、「みなし残業制度」を早々に取り入れました。

「みなし残業制度」とは、それぞれの従業員にあらかじめ「みなし残業代」を手当として支給するものです。

一定時間までであれば、残業をしてもしなくても「みなし残業代」として全額を受け取れるため、従業員には残業時間をゼロにして、手当分を丸儲けしようというインセンティブが働きます。

しかし、結論を先にいえば「みなし残業制度」は、あまりうまく機能しませんでした。実際にこの制度を取り入れているほかの会社でも「みなし残業制度」が残業削減に効果的であったという話はあまり聞きません。

なぜかといえば、一つには経営陣が「損をしたくない」と考えるために、従業員が残業をするであろうぎりぎりの時間に「みなし残業時間」を設定しがちだからです。

もし残業時間をゼロにできるのであれば「みなし残業代」は丸儲けになりますが、実際には経営陣がみなし残業があるのだからと仕事量の管理が甘くなり、残業時間をゼロにすることはできません。

そうなると、従業員の側には、どうせ残業をするのであれば「みなし残業時間」を超えて残業をすることで、オーバーした分の残業代の支給を受けようという逆のインセンティブが働いてしまいます。

その結果、効率よく仕事を終わらせて早く帰宅しようという人よりも、ちょっとだらだらと仕事をして残業代をもらおうという人のほうが増えてしまいます。

言い換えれば「みなし残業制度」は、残業時間を削減しようというよりは、定時の延長として機能しがちなのです。

「みなし残業制度」を、本来の目的どおりに残業時間の抑制として機能させるためには、「みなし残業時間」であっても正式な残業時間として、残業申請をさせることと、その申請が合理的であるかどうかのチェックが欠かせません。

ほかの会社が取り入れているからという理由で、あるいは社会保険労務士に勧められたからという理由で、ただ制度だけを取り入れても、従業員の気持ちに添っていなければうまく働かないのです。

残業を減らすことが人生の充実につながる

会社の経営者や役員など、一定以上の資産や収入を持っていると、お金と時間を比較したときに時間のほうが大切だと感じるようになります。

自分がそうであるから、ほかの人もそう思うだろうと考える経営者が多いのですが、それでは従業員の気持ちに寄り添った判断ができなくなってしまいます。

私が聞いて回ったところ、もちろん時間も大切だけれども、そのためにお金が減ることは嫌だという声も多くありました。

ですから、従業員が残業時間を削減しても手取り収入が減らないようにすることと、それればかりでなく、逆に残業時間を削減したことで人事評価が上がって給料が増えるように配慮することは非常に大切です。

人間は、一定額の収入を得て経済的に満足するようにならなければ、時間を有効活用しようとは考えにくいようです。

なぜならば、一般の従業員は、働いた時間に応じて給料がもらえると考えているからです。実際には、給与計算は時給で計算されているわけではないのですが、雇われて働いている人は、学生時代のアルバイトから始まって、働いた時間に応じて給料が増えるという考え方に慣れてしまっていますから、どうしてもその意識が抜けません。

そのため、頭ではそうではないと理解していても、会社で長時間働いたほうが給料も評価も高くなるように感じてしまうのです。

この意識を変えていくためには、人事評価制度や給与査定制度の透明性を確保して全社にオープンにすることと、お金よりも時間を大切にすることがそれぞれの人生の充実につながるという意識改革が必要です。

そもそも、充実した人生とか、幸せな人生とはいったいどのようなものでしょうか。

この疑問に対して一律に回答することはできません。

人がどのようなものを好きであるか、何に対して幸せと感じるかは千差万別だからです。

ですから、仕事が大好きで、バリバリ仕事をしたくて、毎日、会社にできるだけ長く残って残業したいと思っている人がいたとして、そのような生活を幸せだと感じているとしたら、それを否定することはできません。

けれども一方で、早く家に帰ってプライベートの時間を楽しむことを無上の幸せと感じている人もいます。そのような人々の存在も否定することはできません。

何を幸せと感じるかはその人次第なので、どちらも間違ってはいないからです。

しかし、会社というのは仕事をする場なので、どちらにも肩入れせずに放っておくと、どうしても「仕事をするのが楽しい」という人の声が大きくなってしまいます。

その結果が「24時間戦えますか」であり「長時間残業」であり「先輩よりも先に出社して、先輩よりもあとに帰るべき」という暗黙のルールの発生につながるのです。

そのような職場は、早く家に帰ってプライベートの時間を楽しみたいと考えている人を抑圧してしまいます。

ですから私は、働く仲間一人ひとりが幸せを追求できるように、会社にいる時間は集中して仕事をこなしてそれを楽しみ、定時になったら残業はせずに帰宅して、それぞれのプライベートな時間を楽しむことを推奨しています。

会社というのは、みんなが力を合わせて目標達成を追求する場所ですが、何を幸せと感じるかは一人ひとり違うので、会社に通うだけでは十分な幸せを追求することができません。

会社で働く時間は1日8時間、1週間に40時間ですから、寝ている時間を除けば、それぞれの人生の半分弱に相当するくらいの割合を占めています。

ですから、会社で働く時間を充実させることも大切ですが、逆にいえば、みんな半分以上の時間は会社以外のプライベートで過ごしているわけです。

だとしたら、半分以上を占めるプライベートな時間を充実させていくことも、人生を幸せに過ごすことができる一つの条件だと思います。

そしてプライベートな時間を充実させるために必要なのが経済的な余裕と身近な人との人間関係です。会社で働く時間というのは、その時間そのものを充実させることも大切ですが、基本的にはプライベートにおける経済的な余裕を獲得するためにあるものです。

だからこそ、経営者は従業員一人ひとりに十分な給料を与えて、なおかつ残業をしなくても済むようにすることで、十分なプライベートの時間を保証するべきだと私は考えています。

従業員がプライベートを充実させられる制度を作る

このような考えのもとに、時差出勤制度を設定し、例えば午前7時半に出社した場合は、午後4時半にはもう退社できるようにしました。

働くお母さんも多いので、保育園へのお迎えに余裕をもって間に合うように、あるいは子どもと過ごす時間を長くとれるようにとの配慮です。

もちろん、子どもと過ごしたいのはお母さんだけではなく、お父さんも同じです。男性であっても早く出社していれば、午後4時半や5時にはもう帰宅することができます。そのせいか、私が午後6時に外回りから戻って来たら、本社に誰もいなかったということがしばしばあります。

毎日の時差出勤制だけではなく、休日も増やすことで、従業員がプライベートを楽しめるように制度化を図っています。

休日数は121日で、それにプラスして10日～20日間の有給休暇があります。合計で最低でも131日、最大141日になりますから、新卒採用説明会ではいつも、「1年365日のうち3分の1の日数は休むことができます」と説明しています。

それだけの休日があれば、従業員には自分の人生を豊かにするための時間はいくらでもあるわけで、「会社のせいで不幸になった」とか「会社に搾取されて人生を誤った」などの言葉はなくなります。

具体的に、従業員がプライベートの時間をどのように過ごしているかまでは私にはわかりませんが、ある一定以上の年齢になると結婚して子どもを持ち、家庭生活を充実させている人が多いように思います。

というのも従業員の婚姻率や子持ち率、持ち家率が非常に高く、子育てを楽しんでいる人が多いからです。

例えば、会社の飲み会などがある日でも、いったん帰宅して子どもをお風呂に入れて、自分も着替えてさっぱりしてからあらためてお店に顔を出す人も多く、仕事の時間と家庭の時間、そして自分の楽しみの時間とをすべて楽しんでいる人が多いという印象です。

従業員は残業をせずに早く帰るという話をすると「では会社にいる時間は我慢をしているだけでまったく楽しくないのか」と誤解される人がいますが、そうではありません。

フルタイムで働いている人が仕事に費やす時間は、起きている時間の半分になります。

そして、人生におけるやりがいや達成感といったものは仕事から得られることが多いので、多くの従業員は会社にいる時間も、自分を高めるための挑戦として楽しんでいるものと思います。

ただし、経営者が慢心してはならないと思うのは、会社とはその人の人生を豊かにするための箱でしかなく、いつでも乗り換えが可能なことです。

また、会社や仕事はその人たちの人生の大切な一部ではあるけれども、全部ではないということです。

65歳で定年退職する人を考えたときに、それまでどれだけ会社に貢献してくれた人であっても、会社はその後の何十年もの人生のパートナーにはなれません。

会社や職場というのは、あくまでもその人の人生の一時期のステージであって、そこでどんなに光り輝いたとしても、いずれは去らなくてはならない場所です。

そして経営者の仕事は、自らがスポットライトの中心に立つことではなく、従業員にスポットライトを当てることであると私は考えています。

残業をさせないために鍵の開け閉めの自由を奪う

経営者が「残業を減らそう」と声を上げるのは簡単です。

「残業削減」の方針を立てて、幹部にそれを周知徹底するよう伝えて、朝礼でその大切さを従業員に直接語り掛けることもできます。

そして、残業削減を後押しするインセンティブ制度を作って、従業員のモチベーションをコントロールすることも可能になります。

しかし、そこまでやっても人間の習慣というものはなかなか変わらず、ちょっと気を抜くと後退して元の木阿弥になってしまうものです。

例えば、タイムカードシステムを取り入れたのはかなり前のことでしたが、システムがあっても押し忘れたり、ルールどおりに押さなかったりする人がたくさんいたので、労働基準監督署の立ち入り調査があった当時は、有名無実化していました。

今となっては笑い話ですが、部署によっては、定時になったらみんなで列になってタイムカードを押しに行って、そのままデスクに戻って仕事を続けていました。

これではなんのためのタイムカードかまったくわかりません。おそらく、その部署は「定時できちんと終わらせている」と見せたい上司の指示でそのようにしていたのでしょう。

ほかの会社でもよく見られる光景だと思います。

しかし、人間の心はさまざまですから、なかにはそのような指示に対して反抗的になり、タイムカードを2枚作っておいて、本当の退社時間を2枚目に記録している人もいました。何かあったときに「正しい記録はこちらです」と提出できるように証拠をつくっていたようです。

労働基準監督署から是正勧告を受けた私が最初に取り組んだのは、みなし残業制度の制定と、タイムカードの正確な打刻の徹底でした。

みなし残業制度の制定は、社会保険労務士の先生からアドバイスをいただいたものです。「すぐに残業が減ることはないでしょうから、窮余の策としてみなし残業制度を作ってください」と言われて慌てて策定しました。

みなし残業時間よりも早く仕事を終えれば得をするので、みんなの仕事が早く終わるようになることを意図したものですが、前述のようにうまく機能しませんでした。

お金のために残業しているというよりも、周囲が残業しているからそれに合わせて残業するという人が多かったからです。定時が終わると安心したようにおしゃべりを始めて、ゆっくりと仕事をする人もいて、金銭的なインセンティブ設計の限界を感じました。

そもそも、急に仕事の量が減るわけでもないし、仕事のやり方が変わるわけでもないので、残業時間が減るはずはないのです。

タイムカードについては、周知徹底することで正確な運用がなされるようになりましたが、残業時間の削減につながるわけではなく、残業代の支給が増えただけでした。

そこで私は身をもって「残業時間削減」の決意を示すことにしました。

それが、すでに述べたように、毎日、最後の一人になるまで残って、自ら事務所の鍵を閉めて帰ることです。

自分自身が最後の一人になるまで会社に残るという方法は、残業をしている従業員の気持ちを知るという意味もありましたが、最も大きな目的は事務所の鍵の運用方法を変えることにありました。

これまで、事務所の鍵の本数はかなり多くあって、よく残業している従業員が共有して持っていたのですが、それでは結局、その人自身が必要のないときでも最後まで残って鍵を閉めなければいけないことになり、無駄な残業を増やす原因になっていました。

セキュリティ上の不安もあるので、私はいったんすべての鍵を取り上げて「私が毎日最後まで残って鍵を閉めます」という体制に変えました。

当然、それまであった事務所の開け閉めの自由を奪うわけですから、反対の声はありましたが、誰でもいつでも事務所に入れるという体制が、仕事時間を長くする原因になっていたので、ここは譲れませんでした。

というのも、それまで鍵を持っていたのはある一定以上の役職のベテランばかりだったのですが、そのなかには朝早く来て真っ先に鍵を開けて入って夜は早く帰る人と、朝の出勤は遅めで、夜も遅い人との二通りがいたわけです。

ところが、体育会系の風土のなかでは、若手はどちらの先輩にも合わせなければなりませんから、朝は早く来て夜は遅くまで残るといった環境で、疲弊している若手社員が多くいたのです。

そこで、まずは私一人が管理することにして、3カ月間はいちばん早く来ていちばん遅くまで残ることを行い、鍵の開け閉めを行うことにしました。

ある程度、残業が減ってからは、私の考えを共有できて信頼できる複数のリーダーに鍵を渡して管理を任せています。

事務所を移転して体制の変更を既成事実化する

経営者である私が鍵を管理するために最後まで残っていると、残業をしている従業員は居心地が悪いですし、私に対するひけめもあって、無意識に早く帰ろうとなります。

さらに、これまでは無制限に残業できていた環境を変えるために私が取ったのが事務所の移転でした。

労働基準監督署の立ち入り調査があった当時、父の会計事務所は自社ビルに構えていました。自社ビルというと、資産としての聞こえも良く、家賃もかからず、ブランドイメージ的には良いと思われがちですが、その反面、自社のものであるために、いつでも出入りが自由でセキュリティが甘いという欠点があります。

窃盗犯などが侵入しても、自社ビルの場合は自己責任ですし、顧客の秘密を守らねばならない会計事務所としては不安を抱えていました。

そこで、セキュリティに不安のある自社ビルは賃貸用として、最新のオフィスビルに移転することを決めました。

オフィスビルの利点は、警備員や監視カメラ、オートロックなど、セキュリティがしっかりしていることです。

また、ビル自体のオープン時間とクローズ時間が決まっているために、その時間になれば自動的に残業をシャットアウトできます。

オフィスビルの消灯時間という外部のルールがあることで、社内にもある程度の規律をもたらすことができるのが大きなメリットでした。

私がいくら「残業を少なくしよう」と口で言ってもなかなか習慣は変わらないものですが、移転とそれに伴う消灯時間の設定は、強制的にみんなの働き方を制限することになりました。

これまでであれば、経営者の私に対して上がっていた不満の声も、ビルのルールという変えられない規則を前にして、次第に小さくなっていきました。

オフィスビルへの移転の最も大きな目的は「時間の管理の徹底化」でしたが、メリットはそれだけではありませんでした。

細かいことですが、以前の事務所はトイレが男女共用であり、会社を大きくしていくうえで女性従業員の採用に不利になると考えていました。また、ビル自体の老朽化もあり、新卒社員にとってはあまり魅力的な職場に見えていなかったと思います。

駅前の一等地にある新しいオフィスビルへの移転は、それらの問題の一挙解決になりました。

また、公的機関も入っている一等地のビルに入居している会社ということでブランド力も高まり、顧客の新規開拓にも新入社員の採用にも有利になりました。

それらすべてを勘案したうえでの決断だったのですが、当初周囲からは大反対を受けました。

これまで家賃のかからなかった自社ビルに入っていたのに、駅前の一等地のオフィスビルを借りるというのですから、固定費が大幅にアップします。残業代の支払いも増えているところへ、経費を上げてどうするのかというのが大方の意見でした。

しかし、私は「残業代削減」や「売上の増大」、「雇用の確保」という会社の成長への覚悟と決意を示すために断行しました。

ちまちまと経費を削っていくだけでは会社として従業員に夢を見せることができません。時には思い切った投資で従業員をふるい立たせるのも経営者の役目です。

仕事のやり方を変えて効率を高める

オフィスビルを移転したことで、終業時間に22時という制限が課されました。22時になるとビルが閉まってしまうため、それまでにはオフィスを退出しなければならないルールです。

こうして、残業時間を減らすための算段は着々と整いましたが、どんなに外堀を埋めたところで、仕事の量ややり方が変わらなければ、家に仕事を持ち帰ってやるようになるなど、従業員の負担となるばかりです。

そこで、仕事の量ややり方の変革という本丸についてお話しをします。

実はオフィスビルへの移転を強行した背景には、パートの女性従業員を8人新たに雇おうという目論みがあったからでした。古い自社ビルで、男女共同トイレでは女性従業員の採用が難しくなるため、その前に移転をしておきたかったのです。

パートの女性従業員を8人採用した理由は、仕事のやり方を変えることで一人ひとりの仕事量を削減し、残業削減を推進するためです。

私自身も従業員の一人として会計事務所の仕事をずっとこなしてきていましたから、どこをどうすれば効率がよくなって生産性が高まるかについてはアイデアがありました。

会計事務所の仕事というのは、毎月、顧問先の企業を訪問して、経理情報を収集し、必要があれば分類して簿記を付けて、試算表を作成することです。

このとき、必要なフェイズは①訪問しての情報収集、②収集した情報の分類、③データ入力及び試算表の作成、④作成した試算表のチェックとなります。

これらの作業を、企業ごとに担当者が一人で行っていたのですが、よく考えてみればデータ入力のような単純作業は、時間がかかる割には専門性がそれほど高くありません。つまり、データ入力の作業をほかの人に任せることができれば、作業時間を大幅に減らすことができて、残業時間をなくすことができます。

そこで、パートの女性従業員を大勢採用して、彼女たちにデータ入力をしてもらうことで、社員の残業時間をなくすことを目論みました。

この施策についても、当初は反対意見が続出しました。

データ入力の専門性が高くないのは、その次の段階で作成した試算表のチェックをきちんと行っているからです。しかし、専門性の高い社員がデータ入力も行うことで、入力ミスを少なくすることができて、チェックの負担を減らすことができます。

また、これまでの慣れ親しんだやり方を変えることで、仕事のリズムが崩れたり、新しいやり方に慣れるまでの間は効率が下がったりすることを嫌がる人も多くいました。

人間は変化を嫌う生き物ですから、新しい仕事のやり方を指示すると、必ず反発の声が上がります。

しかし、人間が変化を嫌うのは、同じことを繰り返していれば、頭を使う必要がなくなって省力化、省エネルギー化ができるという、基本的には楽をしたいという現状維持の発想になります。そのため、いかに未来に対する危機意識を醸成し変化への意義付けをしていくかが大切です。

責任はすべて経営者である私が取るからと説得して、パートの女性従業員を8人雇って、業界でもほとんど聞いたことがない分業体制を始めました。

仕事を分業したところで、仕事の総量は変わらないのではないかと思われる方がいるかもしれません。

しかし、パートさんといえどもデータ入力作業に特化して育成すると、その速度は従来よりも格段に速くなります。

社員のなかにもデータ入力の得意な人と苦手な人がいたので、得意な人に得意な仕事をまとめることで、仕事の総量は変わらなくとも、効率化が進んで短時間で仕事を終わらせることができるようになります。

また当時、福島のような地方都市ではパートさんの時給は、正社員の時給のおよそ3分の1になります。同じ仕事でも3分の1の人件費でまかなうことができるようになったので、時間の効率化だけでなく、経費の効率化も図れて、時間あたりの利益がアップしました。

これによって、働く時間の総量を削減しつつも、給料は逆に増大するという結果を実現できるようになったのです。

製販分離体制を進めて生産性向上

分業体制が軌道に乗ってからは、お客さまのもとを訪問して経理関係の書類を収集することについても、改善できる時間が多いと感じたので、お客さまから郵送していただくシステムに切り替えました。

この改革にも、もちろん反対の声がたくさん上がりました。

お客さまのほうから「訪問してきた担当者と話をするのを楽しみにしていた」との声もありました。

効率を追求すると今まで目に見えてこなかったもの、お客さまが私たちに期待してくださってくれていることも見えてきました。効率だけを追求するのではなくお客さまの期待に応えるためにもしっかりとお客さまに分業体制についての説明をおこないお客さまに対してのメリットも時間をかけて説明していきました。

最終的に従業員の幸せのためになるという強い思いがありましたから、お客さまとは個別にお話しをして、時には私自身が出向いて頭を下げて、納得していただきました。

「今までのやり方を変えたくない」という従業員からの反対意見も、実際に残業時間が減って、給料が上がってという「結果」が出始めると、嘘のように消えてなくなりました。

そもそも税理士業界というのは、一人の担当者が最初から最後まで何もかも行うという風土があり、効率という面では変えるべきところが多くありました。

なぜそのような風土があったかといえば、税理士が士業であり、個人で行うものであると長らく考えられていたからです。

税理士同士が集まって作る法人である税理士法人の設立が認められるようになったのも2001年のことであり、それ以前は、開業税理士は個人事業主としてしか認められていませんでした。

現在でも、税理士の独占業務である「税務代理」、「税務書類の作成」、「税務相談」は、株式会社では受任することができず、個人事業主の税理士、もしくは税理士法人でしか引き受けることができません。

そのため、税理士の業務は個人の仕事というイメージがついて回りました。

しかし、実際には税理士事務所や会計事務所の仕事は多岐にわたるため、私の父のように、個人事務所であってもスタッフを雇うことが多くなっています。

そのような場合でも分業はあまり一般的ではなく、企業ごとに担当者がついて営業から納品までの仕事をこなし、最後のチェックは税理士資格を持つ代表者が管理・監督するような体制が取られていました。

ですが、一般の会社では、例えば営業をする人と、製品やサービスを製造する人はたいてい分かれています。営業に必要な能力と、製品やサービスを製造する能力とは、得てして別の種類になるからです。

「餅は餅屋」という言葉があるように、分業できるものは分業していくことが生産性向上には欠かせません。

そこで私は、お客さまに会ってやり取りをする人、お客さまから送られてきた資料をデータ化する人、データ入力によって作られた納品物をチェックする人、出来上がった納品物を郵送する人、お客さまの新規開拓をする人、をすべて分けることにしました。

これまでは一人がすべてを担当していたのですから、それは得意不得意があって、仕事のスピードやクオリティにもムラが出てしまいます。

分業体制にしたことで、仕事のスピードやクオリティは格段に向上しました。

本来、集中すべき仕事に時間をかけることができるようになりましたので一人ひとりの専門性も増し結果として品質も向上する形になりました。

残業をなくすには経営者の覚悟が必要

残業を削減しつつ、一人あたりの売上を向上させた、つまり生産性向上に成功したことを知ると、経営者仲間はたいてい驚きます。

そして「うちでも生産性向上を行いたいと思っていますが、なかなかうまくいきません」とか「残業をするなと言っても、仕事が終わらないと言われて減らないのです」などと悩みを話してくれる人もいます。

私がこの本でいちばん伝えたいことはまさにそこで、経営者が「残業を減らしたい」というだけでは残業は減りません。

残業というのは、基本的には仕事が終わらないからやっているもので、なぜ仕事が終わらないのか、現場で何が起きているのか、ボトルネックになっているのはどこなのかを、自分の目でしっかりと見極めて、それに対する対策を打ち出して、効果が出るまで辛抱強く待たなければ、残業は減っていかないと思います。

私も最初はみんながどのように仕事をしているのかを、時には自分で体験して、見定めるようにしました。

その結果、リーダーやマネージャーと呼ばれるような人たちが、部下に任せてもいいような仕事をやってしまっていることがわかり、それをとにかく禁止して、リーダーやマネージャーの仕事量を減らすことから始めました。

それだけでは現場の部下たちの仕事量が増えて、彼らの残業が増えてしまいますから、それと同時に現場の人員を採用して、彼らが残業をしなくても済むようにしました。特に、作業的な仕事については、すべてパート従業員に任せるようにしています。

また、従業員の時間を奪っているのが大量の会議であることもわかったので、不要な会議を減らし、必要な会議においても参加メンバーを減らして、彼らの時間を本当に大切なことだけに使うようにしていきました。

これらの施策は経営者の掛け声で進めることができますが、実際に現場を動かすためには掛け声だけではだめで、従業員一人ひとりの協力が必要です。

例えば、パート従業員を雇っての分業については、仕事のやり方を変えねばならなくなった従業員から、多くの不満の声が上がりました。そのときに、どのように分業していくかを話し合っていると、異論が続出してなかなか改革は進みません。

そこで私は、まずは8人のパート従業員を採用することを断行しました。

実際に雇ってしまえば、毎月、人件費が発生しますから、彼女たちを有効活用しないわけにはいきません。もしかすると分業がうまくいかずに、投資が失敗したと見なされるかもしれませんから、ここには経営者の覚悟が必要です。

覚悟とは「この方針でいく」と決断して、そこに向けて一歩踏み出すことです。

8人のパート従業員を雇うことについても、あるいはオフィスビルへの移転についても、少なくない金額の初期投資が必要ですから、反対の声はありました。

そこで、それだけの投資をしてでもやる価値があるのだと見せるためには、覚悟をもって膝を突き合わせて納得してもらうまで話し合うしかないわけです。

もちろん、反対の声があるなかでの断行ですから、せっかく雇ったパート従業員さんたちに仕事が振られなくて、分業システムが形骸化する危険性もあります。ですから、賛成多数の状態をつくって、十分な数の協力者を得ておくことは必要です。

何も決めないままにまず8人のパート従業員を雇ってしまったために、当初は彼女たちへの教育もままならず、混乱が生じました。

しかし、経営者の仕事は「方針を立てて部下に示し、その後は信じて任せる」ことです。パート従業員さんは、仕事がなかなか回ってこないのを見て取るや、自分たちで改善していくぞとばかりに、社員と協力してマニュアルを自ら作り上げて、分業のシステムを構築していきました。

彼女たちの活躍がなければ、分業体制がすみやかに立ち上がることはなかったでしょう。

経営者は、現場の仕事のすべてを一人で行うことはできませんし、頭ごなしに強制することもできません。

社内の制度やシステムを作って誘導することはできますが、制度ができても現場の従業員の理解と協力がなければ、定時になってもタイムカードを打刻してサービス残業を続けたり、パソコンと資料を家に持ち帰って仕事を続けたり、制度が形骸化するばかりで、真の意味で残業がなくなることはありません。

残業削減のように、現場の仕事の進め方と深く関わっているような問題は、経営者の立てた方針に従業員が共感して、同じ目標に向けて心が一致するような状態にならなければ、決して解決しないものと思います。

そのために必要なのは、会社のためではなく、従業員のためであると心から言えるような経営方針です。

パート従業員を8人採用した当初、現場では彼女たちにうまく仕事を割り振れず、従来どおりに自分でやろうとする社員が続出しました。仕事のやり方を教えるのも大変ですし、間違いだらけの成果物をチェックするのも手間がかかったからです。

しかし、私はそれでも分業システムは推進しなければならないと言い続けました。

なぜならば、長期的に考えたときに、分業システムこそが従業員全員の幸せに利するものだとの確信があったからです。

分業システムがうまく回るようになれば、みんなの所得は倍増するんだよと、私は語り掛けました。

実際に、当初はなかなか残業が減らず、それでも残業代を払い続けたので、倍増に近いかたちで手取りが増えた従業員もいました。

そこで大切なのは、慌てて給与額を抑制するような施策を考えることではなく、いつか改善するのだと信じて、規定どおりの支給を続けることです。

経営者が腹をくくって、従業員の幸せのためにやっているとの姿勢を見せ続けることで、徐々に信頼関係が生まれて、協力者が増えていきます。

現在は、当時と比べて年間休日日数が20日間近くも増えたうえに、残業もほとんどなくなり、それなのに一人あたりの給与額は増えています。所得が倍増とまではいかなくても、時給換算すれば倍近くになった人も多くいます。

その結果、従業員の笑顔が増えたことが私の誇りです。

第3章

生産性を上げれば残業なんて必要ない

生産性向上とはどのようなことか

国が「働き方改革」を掲げだした頃から、「生産性向上」の言葉をメディアで見聞きすることが多くなりました。しかし「生産性向上」とは具体的に何を意味しているのか、正確に説明できる人は少ないと思います。

多くの中小企業では「生産性向上」という言葉を「残業削減」とか「経費削減」といったような、ネガティブな方向性でとらえています。

コンプライアンス（法令の遵守）やＳＤＧｓ（持続可能な開発目標）と同じで、きれいごとのお題目だけれども、真剣に向き合うと会社にとっては不利益が生じる可能性や実際導入したときの効果がわからずに見て見ぬふりをしたいものと考えている人が多いのです。

しかし、本来の「生産性向上」とは「少ない経営資源の投入で大きな成果を上げるようにすること」です。

つまり、利益を最大化することですから、どの企業の経営者も諸手を挙げて賛成するようなことなのです。

では、なぜ「生産性向上」がネガティブにとらえられるようになったのでしょうか。

それは「少ない経営資源の投入」の部分が、社員の働く時間を少なくすること＝残業時間の削減という意味だととらえられて、不興を買ったからです。

確かに「生産性向上」のなかには「残業時間の削減」も含まれていますが、それがすべてではありません。

主眼となるのは「残業時間を削減」しても「売上が向上」することであり、少ない労働量でより大きな成果が上げられるのであれば、誰もが賛成するはずなのです。

それなのに「生産性向上」の掛け声が嫌われるのは、多くの中小企業経営者が、「労働量を少なくしたらそれに伴って成果も下がる」と信じて疑わないからです。

正直にいえば、私自身、従業員の働く時間を減らしたところで、売上を上げる見通しはまったく立たないと考えていました。

だから「生産性向上」は難しいのです。

生産性 ＝ 産出(Output) ／ 投入(Input)

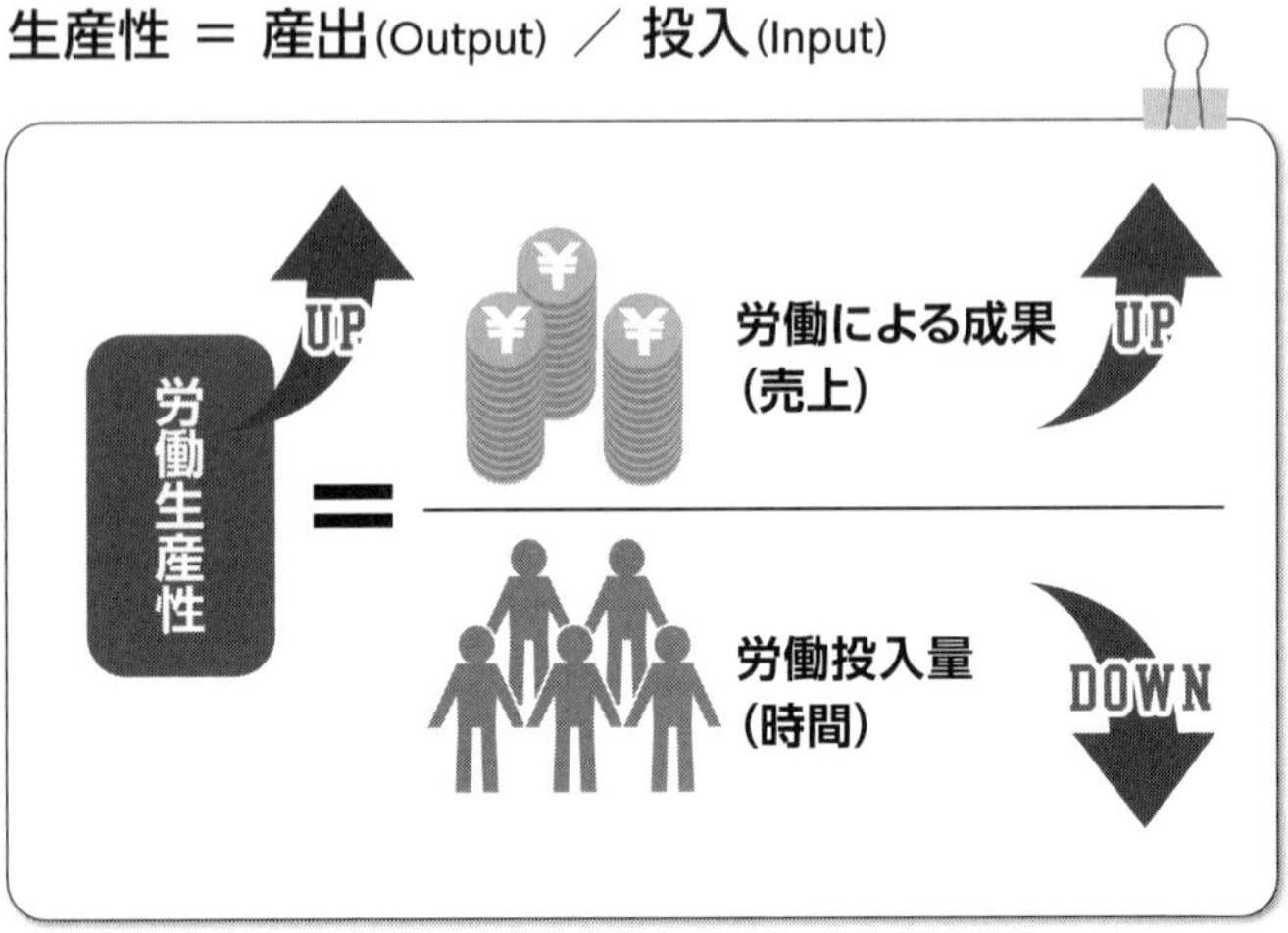

難しい物事を簡単にするためには、抽象化や定義化が有効です。

生産性とは、例えば次のような式で表されます。

生産性＝生産量÷労働量＝

アウトプット÷インプット

つまり、生産性を上げるためには、分母である労働量（労働時間）を削減してもよいのですが、労働時間があまり減らなくても、分子である成果（売上）がそれ以上に向上していればそれでもＯＫなのです。

生産性向上とは、つまり労働時間を増やさずに売上を上げることだと考えれば、ポジティブなとらえ方ができます。

なんのために「生産性向上」を推進するのか

「生産性向上」はすべての企業にとって望ましいものではありますが、だからといってすぐに推進できるかといえば、それはまた別問題です。

なぜならば、成果が上がって喜ぶのは従業員というよりも企業ですし、労働投入量が減って残業代の支払いがなくなって喜ぶのも第一には企業だからです。その裏で、時間あたりの成果をより高く求められることになった従業員はストレスで苦しむことになるかもしれません。生産性の向上が、従業員にとってどのようなベネフィットになるかをきちんと説明できなければ、現場の人は本気で動いてくれません。

そこで、生産性向上の目的を、もっとやさしく次のように言い換えました。

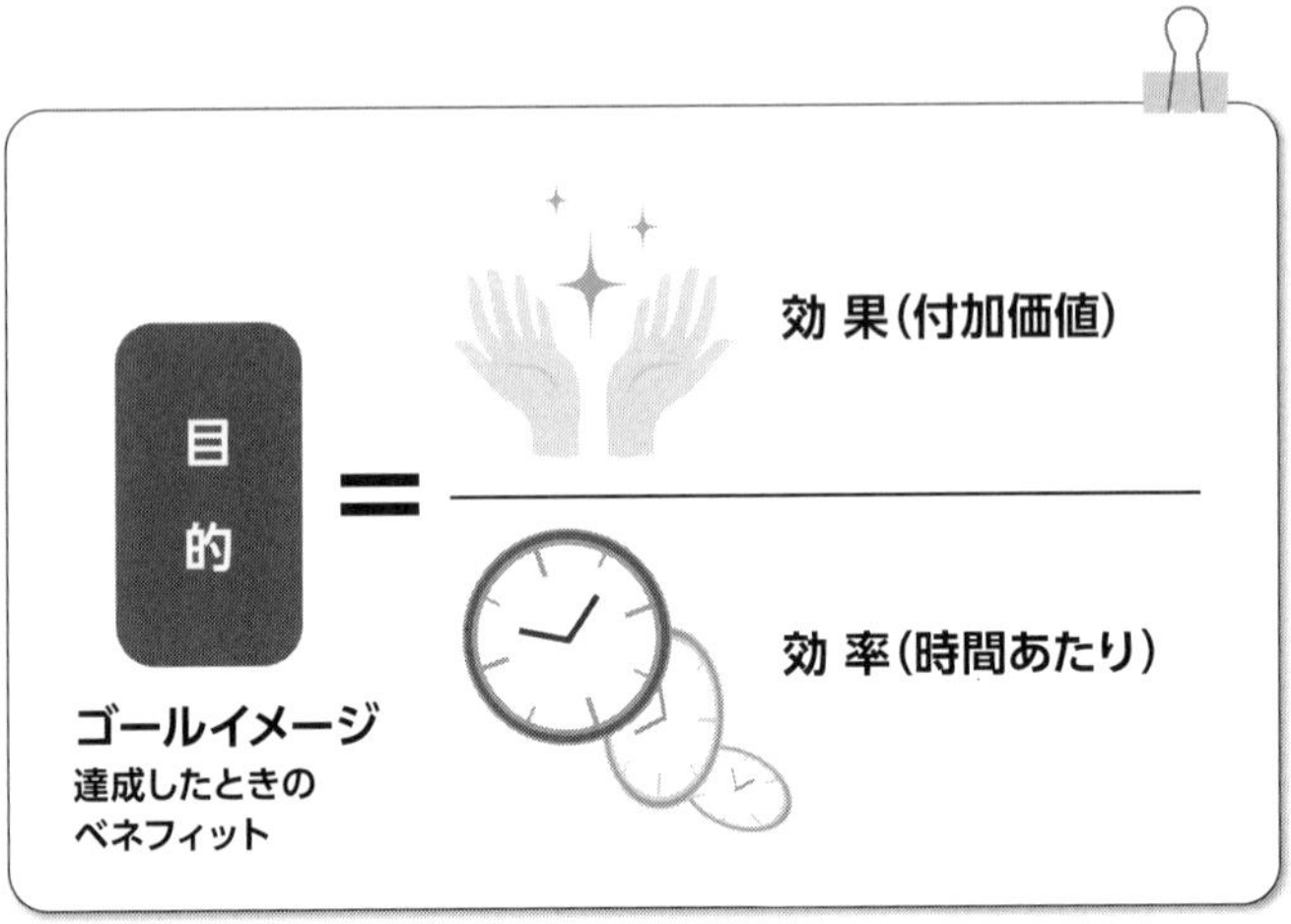

生産性向上を達成すると、時間あたりの効率が高まって仕事がさくさく進むようになり、仕事の付加価値が高まるのでお客さまにもより喜んでもらえるようになります。

その結果として売上が高くなって利益が増えれば、従業員に還元することができるので、みんなの所得が増えます。仕事の効率が高まれば早く帰宅できるようになるので、自分の時間を増やすこともできます。

私はこれを、日本の高度成長期になぞらえて「所得倍増計画」と呼ぶことにしました。

企業側や経営側の論理ではなく、実際に現場で働いているみんなのためになることなんだよ、というのは、口を酸っぱくして言い続けても従業員は半信半疑で聞いています。

しかし、実際に残業時間が減って給料やボーナスがアップするという結果が出てからは、話が早くなりました。

実体験として、自分たちのためになる方針だということがわかってもらえれば、あとは放っておいても、自分たちでどんどん生産性向上の取り組みを進めていってくれます。

このように、従業員に進むべき道筋を示して、彼らが気持ちよく動けるように環境や道筋を整えるのが経営者の仕事です。

「生産性向上」は「業務効率化」で実現する

労働基準監督署から「残業代支給」と「残業時間削減」の勧告を受けたとき、私の頭に去来したのは「このままでは会社がつぶれる」という悲観的な考えでした。

通常、残業時間を減らすことは、一人あたりの労働時間の減少につながり、一人あたりの労働時間が減少するのであれば、新たにスタッフを採用しなければ仕事が回りません。

新しいスタッフの教育には時間もお金もかかりますし、また、減ったとはいえ残業時間がゼロになることはなく、そこに対する残業代の支払いも重荷として振りかかってきます。

この問題に解決策があるとするならば「業務効率化」だけです。

業務効率化にはさまざまなやり方がありますが、基本は次のようなステップで進めます。

1　業務の見える化を行い、仕事の全体像を把握する

業務効率化を図るには、まず、本当に効率化が図れる業務があるかどうかを調べるところから始める必要があります。

しかし、中小企業では多くの業務が属人的になっていて、プロセスがブラックボックス化していることが多いです。

そこで、まずは業務の可視化（見える化）を行い、プロセスを逐一、洗い出して誰もが検討できるようにします。

2　業務のなかにムダやムラやムリがないかをチェックする

業務の見える化ができたら、そこに効率化が図れるようなムダやムラやムリがないかどうかをチェックします。

このとき大切なのは、できるだけ大局的な視点で見ることです。ミクロレベルの効率化は、たいていはすでに個人レベルで達成されています。

ですから、会社レベルで、業務の最初から最後までを見通して、全体最適化ができるような箇所がないかどうかを探してください。

3　業務効率化の方法を検討する

業務効率化には次のような方法があります。

・定型化が図れるものは、デジタルトランスフォーメーションなどで自動化できないか考えてみる。
・発生頻度が多い業務は、まとめて仕事することで効率化が図れないかどうか考えてみる。

・単純な業務は、まとめて非正規社員に任せるか、外注化ができないかどうか考えてみる。
・不必要かもしれない業務は、思い切ってなくしてみることができないかどうか考えてみる。
・一人の人が数多くの業務を抱え込んでいるために全体のボトルネックになっている場合は、分業化できないかどうか考えてみる。
・逆に、複数の人が同じ業務を行っていた場合には、一人にまとめることで効率化になるかどうか考えてみる。
・仕事が多過ぎる場合は、優先順位を付けることで無駄な仕事がないかどうかを検討してみる。

4　実際に業務改善策を実施する

考えて検討しているだけでは効果のほどは測れません。業務改善策のアイデアが出たら、実際にそれを試してみましょう。

業務改善を行う際に大切なのは、業務マニュアルやフローチャートの作成です。その業務を初めて任される新人であっても迷わずに業務が遂行できるように、できるだけ詳しくマニュアルやフローチャートを整備します。

5　一定期間の運用後に、どれだけ業務効率化が図れたか検証する

アイデアを試行したあとは、以前に比べてどれだけ効率化ができたかを計測します。計測の結果、十分な業務効率化が図れていれば、そのまま続けます。

もし、効率化の程度が不十分であったり、あるいは施策によって新たな問題や副作用が発生していたりした場合は、中断するかどうかを検討します。

一度始めてしまったからといって、効果を計測することもなくそのまま続けてしまうと、逆に非効率になってしまうこともあります。

「製販分離」で「業務効率化」を達成する

私の会社の場合は、すでに述べたように税理士業界の慣習で、一つの企業について一人のスタッフが専属担当者として最初から最後まですべての仕事の面倒を見ていたことが、非効率な業務を引き起こしていました。

私自身が一従業員として同じような仕事をしていたときにも、業務の幅が広すぎて、自分では専門性に欠けると感じた分野が多々ありました。

そのような場合も、担当者として付け焼刃で勉強をして対応していたのですが、そのために時間を取られて残業が増えてしまっていた面もあります。

そこで、経営者として「業務効率化」に取り組んだときには、業務を5つに分けて、新たに5つの専門職を作って、分業体制を取ることにしました。

内訳は、以下のとおりです。

・プロソト

プロソトとは、顧客（外）との折衝のプロフェッショナルを意味します。従来の案件担当者の外交的な役割に当たるもので、外に出て顧客を訪問することが仕事になります。

会計事務所を経理書類の製造企業と考えたときに、製造業務のうち、どうしても顧客先でしかできない業務を担当してもらいます。

顧客先でしかできない業務とは、顧客の悩みごとや課題の抽出、そして、従来のような過去の集計（制度会計）という会計業務にとどまらない、積極的な経営戦略を提供する管理会計の提供などです。平たくいえば、コンサルティング営業の役割も担うということです。

・プロナカ

プロナカとは、会社（中）内部で、経理書類を作成するプロフェッショナルを意味します。従来の案件担当者は、ソトとナカの両方を担当していましたが、必要とされる能力が異なるので分けました。

プロナカは、製造業務の管理者として、業務不足、不明点の解決を行い、プロソト（営業）とプロイン（制作）に指示を出して、制度会計の成果物（試算表など）の品質管理と進捗管理を行います。

・プロイン

プロインとは、製造業務のデータ入力などの制作担当のプロフェッショナルです。手順書や工程表などのマニュアルのルールとツールに基づいて業務を遂行します。主にパート従業員が担当します。

・税理士

会計事務所における税理士は、制度会計の成果物の制作に欠かせない存在です。なぜなら、最終的には税理士資格を持つ人間の管理・監督チェックとサインがなければ、成果物が完成しないからです。

ですから、税理士はすべての業務のトップの存在であり、最終責任者となります。税理士は、ライセンス保持者として業務品質のチェック、指示、対策の立案・実行、調査対応など専門性の高い仕事を行います。

・ソリューション

プロソト、プロナカ、プロイン、税理士の４つの専門職は、製造部門に属し、従来の会計事務所の業務を担当します。

一方、ＭＡＳ監査、資金調達支援・Ｍ＆Ａ支援、ＦＰ、労務など、従来の会計事務所の提供するサービスにとどまらない、付加価値業務を生産、提供するのが販売部門です。

販売部門は、会計事務所外部のグループ会社、協力会社と連携しながら、新たな付加価値業務を提供します。

いわば、新たな市場開拓や顧客開拓を行うもので、売上の増大やお客さまの満足度向上に貢献します。

・総務

４つの製造部門、１つの販売部門という、５つの専門職を含む組織の取りまとめを行うのが総務です。

中小企業における総務は、庶務、経理、人事、ＩＴ、経営者秘書のすべての役割を担います。

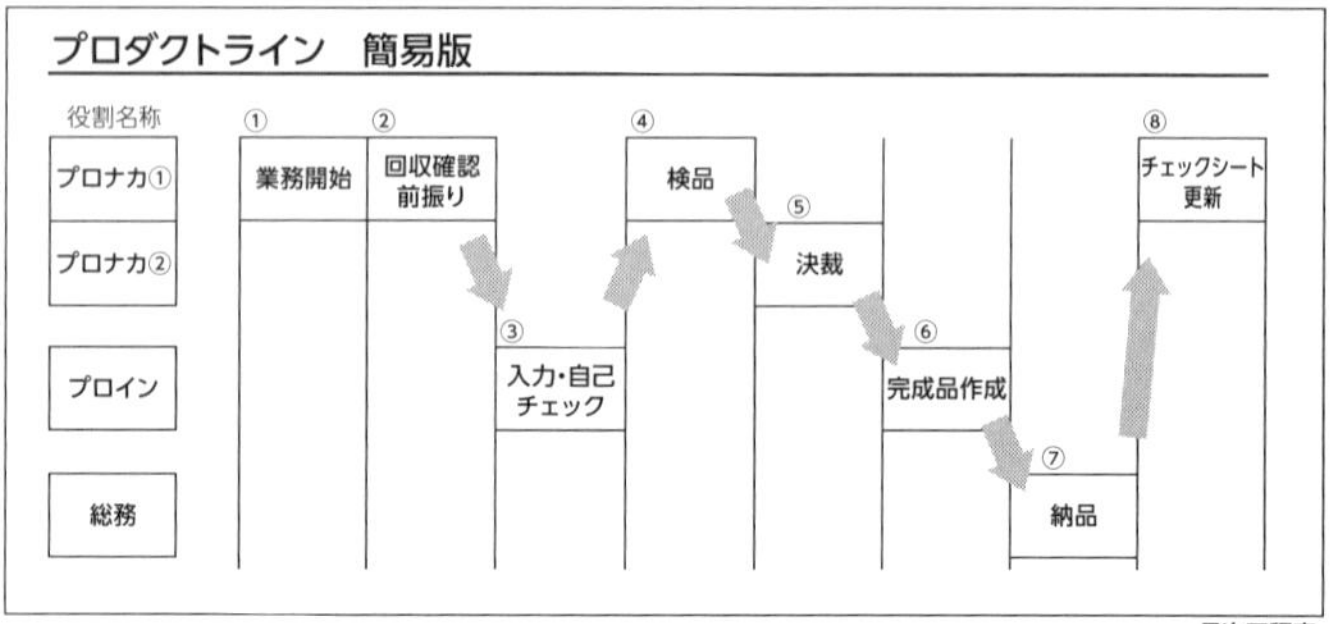

月次工程表

具体的には、製造担当者がより効率よく作業できるような環境づくりを担っています。

・経営者

最後に組織全体を統括する最終責任者として経営者がいます。

経営者は、将来に向けて、最適な組織の機能の検討や実現を行います。

また、目標を立てて、その目標を達成するための方針や戦略を示します。

実際に現場で仕事を行うのは経営者以外の従業員ですが、方針や戦略を立てる際に誤ることがないように、現場の仕事にも精通しています。

この「分業体制」の画期的なところは、それぞれの役割に名前をつけて、プロフェッショナルとしての誇りを持ってもらったことです。

例えば、単純作業であるプロインは、パート従業員や新入社員の仕事で、人によってはあまり面白くない仕事だと思われるかもしれません。

しかし、全体のなかでプロインの果たす役割は円滑な業務進行のためにも非常に重要であり、プロフェッショナルな仕事であることを強調するために、プロソトやプロナカと同様にプロインの名前を付けました。

分業体制でそれぞれに名前が付いていることで、キャリアチェンジやキャリアアップの可能性も見えやすくなりましたし、いろいろな役割を経験することで新入社員の成長も早くなったと感じています。

業務の「見える化」でスムーズな分業を行う

具体的にどのような「分業体制」になっているかを見ていきます。

まず、業務の「見える化」を行い、担当ごとにどのように業務を分担するかを月次工程表でわかりやすく明示します。

次に、実際に業務を行うに当たって、毎月第一営業日に月次ラインシートを発行します。月次工程表はあくまでもモデルケースであり、顧客一社ごとにカスタマイズがあるので、それを対応させたものがラインシートです。

業務効率化を行うときに、私の頭にあったのはトヨタの工場です。トヨタの工場では、かんばん方式といって、前工程と後工程の受け渡しを「かんばん」でつないで、ボトムネックのないスムーズな分業を実現しています。

そこで、「分業体制」を整えるに当たって、一社ごとに業務フローを「かんばん」のように細かく書き出して、お客さまが今どの段階にあるのかを一目でわかるようにしました。これによって、今業務がどのような状態にあり、どこが遅れると、どこで無駄な時間が生じるか、どこが遅れがちで、そのためにはどのような対策が考えられるかなど、業務効率化のための手段が考えられるようになります。

月次ラインシート

※全工程カルテチェックより開始

商号屋号：	○○○○	発 行 月：	スタート月を記載	処 理 月：	H30　○　月	決 算 月：	12　　月
消 費 税：	免税	プロソト：	○○	プロナカ：	○○	決 裁 者：	○○
会計ソフト：	弥生	納品方法：	郵送	資料回収予定：	10　　日	商品発送期限：	20　　日
黒ファイル：	あり	回収方法：	郵送	入 力 方 法：			

工程内容	期日	完了押印	完了押印	プロナカ指示事項		
業務開始		プロナカ		庶務業務	時間 業務者ハンコ	
回収確認 前振り	不足資料　あり ↓　　　↓ 【待機】　【進む】 ※待機の場合は「不足資料待機」バインダーへ投入 不足資料　なし	資料回収 プロナカorソト	前振り プロナカor補助	指示事項あり	※お客様連絡票を作成してシートの後ろにつける。 ※関与先にはお客様連絡票を渡しておく。	
入力・自己チェック	□K3　　□給与 ※入力した場合にはチェックを入れてください。	プロイン		入力時間 仕訳数		
検品 保存		プロナカ				
決裁		決裁者				
完成品	※試算表を印刷しない場合は斜線を引いてください。	プロイン				
納品	発送完了日： 手渡完了日：	商品総務	納品総務	手渡完了日は総務が担当者に渡した時点のこと		
ラインシート更新		プロナカ		更新後DW	総務	全工程ともにカルテチェックを行ってから業務開始

また、実際の資料の受け渡しには、タブごとに整理されたファイルを用いて、漏れや抜けがないようにします。

プロインによって制作された成果物は、最後に担当者によってチェックが行われます。制作者が記入した月次処理連絡票にも目を通して、不明点や疑問点をチェックして、クライアントに提出するものとして抜けや漏れがないように仕上げます。必要があれば、月次処理連絡票に回答して、制作者に戻します。

最後にプロナカが決済を行い、納品物と預かっていた資料とを合わせて、郵送で送付します。

預かり資料の返却に抜けや漏れがないよう、チェックリストを作成します。また、成果物に関しても申し送りがきちんと成されているかどうか、チェックリストでチェックします。

これらの施策は、どうしても属人的になりがちだった会計事務所の業務を「見える化」することで、分業ができるように整えたものです。

月次処理連絡票

商号・屋号：	○○電気		
プロソト：	[redacted]	プロナカ：	[redacted]

月日	不明事項・修正指示等	業務者	処理・回答事項	回答者
1月分				
3月28日	減価償却費は¥3,500で計上しましたがよろしいでしょうか。	[redacted]	少額でしたので計上しない方向でしたが、正しく入力をしていただいたので、今後も継続して概算計上をお願いします。	[redacted]
2月分				
4月11日	通帳の振込に関しては、買掛金になりますので、データの買掛一覧から逆算して見当を付けて入力してください。	[redacted]	了解しました。	[redacted]
4月12日	【現金】 ・2/9、2/16　[redacted]車検費用「車両費」で入力しました。 ・2/17([redacted])、2/20([redacted])　どちらも「消耗品費」で入力しました。 ・2/13　[redacted]作業服代「[製]消耗品費」で入力しました。	[redacted]	・車検費用→「[製]車両費」の不課税処理で通してます。担当者へ確認済。その都度要確認なので、報告をあげてください。 ・2/13、2/17、2/20の科目はそれでOKです。	[redacted]
4月12日	【預金】 〈東邦銀行〉 ・2/9、2/20　各日¥240,000引出。前年度は「現金/普通預金」でしたが1月が「事業主貸/普通預金」でしたので前月データに合わせました。 ・2/28　福島年金事務所¥102,900「事業主貸」で入力しました。	[redacted]	・24万の引出に関してはマニュアルに追記しました。今回は「現金」で処理しました。 ・2/28は「事業主貸」でOKです。	[redacted]
4月12日	【売掛金】 ・○○電気　2/9¥15,000入金ありますが売掛の発生がありません。 ・(株)○○　1/31¥87,800発生、2/9入金¥72,800で¥15,000差額になっています。	[redacted]	担当者が確認するのでこのままで。 同じ事業主のようで、補助間で相殺になります。(5/18確認済み)	[redacted]
3月分				
5月14日	【標準科目】 ・1月スタートのお客様ですが、月々の仕訳数が100以下と少ないので標準科目に修正しました。(製造科目は従来通り) ・駐車場の月極2件は旅費交通費で継続(担当者確認済)	[redacted]	OKです	[redacted]
5月14日	【普通預金：[redacted]】 ・3/27、30にそれぞれ24万引出。外注費、のメモがあるので現金引出として入力しました。	[redacted]	OKです。	[redacted]
5月14日	【事業主借】 ・3/26　[redacted]へ8,060円　金額変わっていますが車両保険で入力。	[redacted]	OKです。	[redacted]
5月14日	【買掛金】 [redacted]　2月分計上間違い　金額訂正しました。	[redacted]	資料確認しました。OKです。	[redacted]
5月15日	[redacted]の買掛金計上時の費用が「仕入高」になっていましたので「製)材料仕入高」へ訂正しました。	[redacted]	OKです！	[redacted]

従来の会計事務所の仕事では、担当者が企業の担当者と飲みに行って顔つなぎをするなど、見えない部分や言葉で明示的に示されない部分が多々ありました。

しかし「飲みに行く」という「接待営業」がどの程度の効果があって、どれだけ業務に貢献しているかはわかりません。

そこで、担当者ごとに、言葉にしにくい部分も「このような効果があります」と説明してもらい、またお客さまにもヒアリングを行い、残す部分と廃止する部分、そして属人的にならずに誰もができる業務に置き換えることはできないかと考えて、一社ごとに業務フローを策定していきました。

分業体制に移行するときの強い抵抗

ひとくちに「見える化」といっても、想定以上に大変な作業でした。

まず、担当者が顧客との間のつながりについて、明確に説明することがなかなかできません。

おそらく義理とか人情のような関係があるのでしょうが、本当にそこまでの関係が築けているのかどうかは不明で、仮にあるとしても担当者レベルでの絆なのか、企業レベルでの絆なのかどうかの精査も必要です。

そこでお客さまにもヒアリングを行いましたが、そちらでも、ある程度の理解は得られつつも従来のやり方を惜しまれる方が多く、何度も説明せざるを得ませんでした。

従来の方式というのは、何か問題が起きたときに担当者が属人的に解決するやり方でもありますから、個人的なつながりが強くなるのも理解できます。

個人的なつながりが強くなればなるほど仕事としては楽しくなりますから、改革に対して反対意見が出るのもよくわかります。

ですが、個人に任せた仕事というのは、その個人のバイオリズムや気分に合わせて仕事にムダやムラが出やすいものです。

属人的になればなるほど、第三者が仕事の進め方をチェックしづらくなりますし、人間は自分に対してはどうしても甘くなりがちですから、仕事のスピードが緩くなりがちです。

そこで、生産性を向上して、従業員の所得を倍増させるという大きな目標のために、仕事における属人的な仕事のやり方はやめさせてもらうことにしました。

このような決断は、最初は仕事がきつくなったように感じられても、最終的には残業がなくなり所得が倍増して、従業員自身が幸せになるという強い信念がなければできないものです。

分業体制は、従業員だけでなくお客さまのためにもなることです。

同じことをずっとやっていればお互いに楽ではありますが、お客さまに対して新しい提案もできませんし、進歩もありませんから、ビジネスとして考えれば本当はあまりよくないはずなのです。

そのような長期的な展望のもとに、「言語化できない業務は存在しないことと同じ」、「言語化できればマニュアル化ができる」、「マニュアル化ができれば分業化ができる」と説明して、「製販分離」を進めていきました。

当初は反対意見が強かったため、強い不満を抱いているお客さまに対しては、しばらくは従来の「製販一体」方式で続けるなど、イレギュラーな対応も行いながらの進行になりました。

ところが、「製販分離」のお客さまが増えれば増えるほど、担当スタッフの残業時間が減っていくことは、業務の見える化のおかげで誰の目にも明らかになります。

それもそのはずで、従来は自分が一人で抱えていた「製造」の仕事を、パート従業員さんに割り振ることができるようになったのですから、労働時間は圧倒的に削減されます。

そのため、当初は半信半疑だったスタッフも「このやり方のほうがいい」となり、「製販分離」方式を支持して、お客さまにも熱心に勧めて回るようになったため、ある時期から劇的に、分業化が進むようになりました。

その結果として、残業時間がほぼなくなり、売上も伸びるようになり、抵抗の多かった「製販分離」による業務効率化が正しい方向性であったことが証明されました。

生産性は、時間の削減と売上の増大の二輪で回す

労働生産性とは、「労働による成果（売上）」÷「労働投入量（時間）」の式で表されるものです。「業務効率化」によって、分母である「労働時間」の削減は達成されましたが、

生産性 ＝ 産出(Output) ／ 投入(Input)

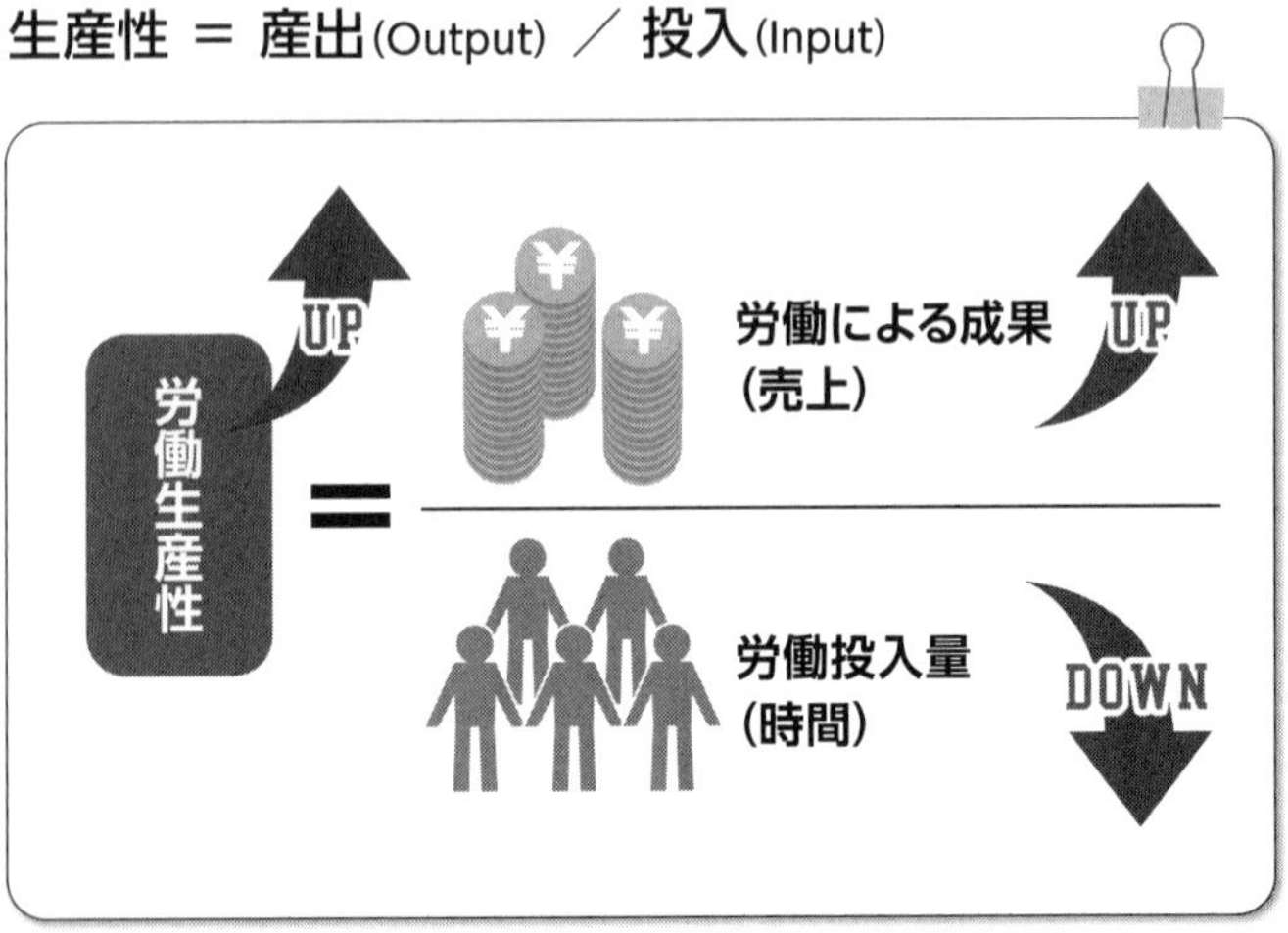

さらに生産性を高めるためには、分子である「売上」も上げていかねばなりません。

実は「生産性向上」を掲げる中小企業経営者の多くは、労働時間の削減があまりにも難しいために、売上をアップする方法だけを考えてお茶を濁す傾向があります。

確かに、分子である「売上」が大幅に増大していれば、分母の「労働時間」が多少増えたとしても、生産性自体は向上したことになりますから、目標は達成したことになります。

しかし、政府が「生産性向上」を唱えるのは、「売上の増大」よりも「労働時間の削減」のほうが主眼なのですから、そのあたりを考えれば、「売上の増大」だけでは本当に目標を達成したとはいえません。

私はそれだけでは不十分であると考えていて、やはり民間企業である以上、「売上の増大」も視野にいれていきたいところです。

ちなみに、日本政府が「生産性向上」に力をいれるのは、労働者の余暇時間を増やして適切な「ワークライフバランス」を実現させるとともに、それによって出生率を改善したいからです。

男性も女性も、長時間会社に拘束されているから育児に十分な時間が割けず、出生率が低下していると政府は考えているらしいのですが、私は時間だけではなく、経済的余裕も問題になっていると思い「所得倍増」を目標としました。

また「労働時間を削減」したところで、余暇がないという人はたくさんいるので、本質は、それぞれがいかに「タイムマネジメント」できるかどうかだと思います。

ですから「労働時間を削減」というときには、上からの強制でむりやり残業を禁止してもあまり意味はなく、各自が自発的に「労働時間を削減」していけるように、「タイムマネジメント」のやり方を教えていかねばならないのです。

売上増大は、提供するサービスに付加価値を付けて達成

売上アップの方法はさまざまですが、私の会社の場合は既存顧客の多さが強みなので、すでにいる顧客に対して幅広い商品やサービスを提案していくことを目指しました。いわゆるアップセル営業、クロスセル営業と呼ばれるものです。

会計事務所のメインの業務は、顧問税理士として企業の会計のサポートをすることです。しかし、顧問税理士の仕事は顧客ごとにかなり違っていて、多岐にわたります。

例えば、顧客が会計に強く、自分で毎月の帳簿を付けられる場合は、会計事務所の場合は、会計指導と顧客が作成した帳簿のチェックだけになります。この場合の報酬は毎月、数万円の顧問料金だけになります。

一方、顧客が自分自身で記帳できない場合は、会計指導にプラスして、領収書や請求書などの書類を預かって、記帳を代行することになります。

そのほか、年末調整の計算、給与計算、税務書類の作成や申告など、会計と税務に関す

ることであれば、必要に応じてなんでも相談に乗ります。

このとき、高めの顧問料の範囲内で相談にはなんでも応じるという料金体系を取っている会計事務所もあるのですが、すべての業務を細かく分類して、基本料金とオプション料金というかたちでいただくことにしました。


顧問料金というざっくりしたメニューで一定金額をいただくと、お客さまからの相談が少なければ利益が上がりますが、多かった場合には下手をすると赤字になってしまいます。その場合は、追加料金をいただくなどして帳尻を合わせる会計事務所が多いのですが、お客さまからすれば不透明な料金として不満のもとになってしまいます。

ざっくりとした料金メニューというのは、日本ではよく見られるもので、例えば美容室のカット料金なども、何がどこまで含まれているのかが不透明で、たまに不満を抱かれるお客さまもいるようです。

一般的には、カラーのみが別料金で、そのほかは一式すべてがカット料金に含まれているようですが、それにしてはお店によって料金が大きく異なります。

カット料金の全国平均は３６００円とのことですが、お店によっては10分でカットして散らばった髪の毛を掃除機のような機械で吸い取る1000円カットもありますし、カリスマ美容師にカットしてもらえば1万円以上かかることもあります。

つまり、同じようにカット料金といっても、そこにシャンプーが含まれているかいないか、トリートメントが含まれているかいないか、スタイリングが含まれているかいないか、マッサージが含まれているかいないかで、内容が大きく異なってくるのです。

ですから、カット料金には当然シャンプー料金が含まれていると思っている人が、1000円カットのお店に入って洗髪してもらえなかったときには、どんなに料金が安くても不満になります。

逆に、マッサージなんかいらないと思っている人が、マッサージ料金込みのお店に入って高額なカット料金を請求されれば、やはり不満を感じます。

であれば、カット料金には何と何が含まれていて、何と何はオプション料金になりますと、最初から明示するほうがお客さまのためになると思うのです。

特に、私たちの業界は美容業界とは違い一度サービスの提供が始まると、なかなか変更することができず、また他の会社との比較がしにくい部分があります。だからこそなおさらお客さまにしっかりと理解し、納得していただけることが大切です。

現在は多様性を尊重する時代ですから、お客さまに不要かもしれないものもざっくりと含めた一括料金よりも、お客さま自身が必要なものを選択できるほうが喜ばれます。

基本料金とオプション料金を別に提供すると、たいていのお客さまはまずは基本料金だけで済まそうとします。

しかし、お客さまの状況によっては基本料金だけではニーズを満たさないことが多くなります。

そこでお客さまのニーズに合わせて必要なメニューを、必要なだけご提供するようお話しをすることで、アップセルやクロスセルが達成できるようになります。

特に、通常の会計事務所が持っていないメニューをグループ会社などを通じて幅広く用意しているため、お客さまのどのような状況にも的確なソリューションを提供できるようになっています。

例えば、多くの企業が会計というものをどのようにとらえているかといえば、会社の状況を第三者に説明するための制度としてです。

いわゆる税金を納めるためには、どれだけの利益を上げているかの計算が必要不可欠ですし、納税のために法律の下で行うのが税務会計です。

また、金融機関から融資を受けたりするためにも、どれだけ儲かっているかの説明が必要ですし、そのために行っているのが財務会計です。

税務会計と財務会計とを合わせて制度会計と呼びます。これは税務や財務のために整えておかねばならないものです。

しかしながら、会計というのは何も税務申告や信用調査のためにだけ存在するわけではありません。

本来、会計情報は、経営者が会社の状況をよく知って、さらなる成長のために次の一手をどのように打つべきか、考えるためにあるのです。

このような会計を、制度会計に対して管理会計と呼びます。

さらに、現状を知るための管理会計だけでなく、将来に向けて会社を成長させるための未来会計（ＭＡＳ監査）、会計事務所の枠を超えてグループ会社で提供する、経営コンサルティング業務、保険代理店業務、社会保険労務士業務などを横断的に展開しているため、中小企業経営におけるさまざまな悩みに対応ができます。

未来会計（ＭＡＳ監査）とは、経営計画を作りあるべき姿を描いてから、計画に沿った行動を積み上げて、その結果を会計を通して数値で検証するもので、過去の業績を説明するのにとどまらない新しい会計として注目されているものです。

経営理念を策定して、従業員の理解を得る

私が代表になったときに最初に行ったのが経営理念の策定でした。

「経営理念の策定」は「生産性の向上」とは無関係だと考える人がいるかもしれませんが、それは間違いです。

生産性を向上させるためには、現場で働く一人ひとりの従業員の理解と協力を得なければならず、従業員と心を一つにするためには、彼らが共感できる経営理念の策定が不可欠だからです。

実際、経営理念を策定する前の私は、経営を見ることになったとはいえ、具体的には何をすればよいのかがわからず、ちょっとした迷走状態にありました。

そもそも「経営者」の仕事とはなんでしょうか。

大企業では10年単位で長期的戦略を立てるのかもしれませんが、中小企業の経営者の場合は10年後に会社がどうなっているかもわかりません。また中小企業は人手不足でもあるだけに雑務も多く、目の前の仕事をこなしていくことでせいいっぱいです。

しかし、とにかく目に入るものを次々と片付けていても達成感はありませんし、ちょっと気の抜けたときには「なんのためにこんなことをやっているんだろう」という虚無感に襲われてしまいます。借入金の返済のためになんとか経営を続けている場合などは、特にそのような気持ちに襲われやすいものです。

私も、労働基準監督署の立ち入り調査の勃発から、経営を見るようになったものですから苦労することが多く、つらいときには「なぜ自分がこんな目にあうんだろう」、「長男でなければこんな苦労をせずに済んだのだろうか」、「母が生きていてくれればまだ頑張れたのに」などの考えが浮かんでくるのを止められませんでした。

理念がないと、人間は逆境に耐えられず、逃げ出したくなってしまうのです。

そうして「こんなに頑張っているのだから少しくらい遊んでもいいだろう」と夜の街に飲みに出かけてみたり、会社で少し偉そうに振る舞ったりしてみたりするのですが、それは多少のストレス解消にはなっても、根本的な問題解決にはなりません。

むしろ、そのようにいわゆる「カリスマ社長」ぶってみたところで、実質が伴っていませんから、従業員が離れていくだけでした。

また、ストレスが溜まると身近な家族に当たってしまいますから、家族との関係もぎすぎすしていました。

「こんなに稼いでやっているのになんでもっと感謝してくれないのか」とか、「これだけ一生懸命やっても父は認めてくれない」とか、そのような感情が出てくると、周囲との関係はますます悪くなるものです。

そこであるとき「今やっていることは真に自分がしたいことなのだろうか」、「本当に自分は父の後を継いで経営者になりたかったのだろうか」と深く考えるようになりました。

そのときに出会ったのが、二宮尊徳の報徳思想であり、渋沢栄一『論語と算盤』であり、理念経営を提唱する青木仁志社長の『クオリティ・カンパニー』でした。つまりお金儲けを主とする企業活動は、一方で世のため人のためという道徳を旨としないと、確かなものとして成立しないのです。

経済と道徳の両立を軸に、「自分は本当は何をしたいんだろう」、「この会社はどこを目指すべきなんだろう」と考えていった結果、私のなかに生まれたのが「貢献」という言葉でした。

そこから生まれたのが、今の経営理念です。

「貢献する企業であり続ける」

働く仲間一人ひとりが幸せを追求できるステージ（場）として

お客さまが安心して成長できるパートナーとして

社会・地域の進歩・発展に貢献する企業であり続ける

この経営理念には、従業員（働く仲間）、お客さま、地域社会、そして「あり続ける」という次世代（未来）への貢献が記されています。

それぞれに対する貢献のかたちが異なるため表現こそ違いますが、従業員とお客さまと地域社会の未来に対して貢献することが会社のあり方であると明記しました。

なかでも最も重要度が高いのが、従業員（働く仲間）への貢献です。正社員や契約社員やパート社員などではなく、一つの目的に集まった仲間であるという思いのもと、それらの人たちが組織というステージのもとそれぞれの幸せを追求できるように貢献することが、会社の経営理念です。

幸せのかたちはそれぞれで異なるので「一人ひとり」と明記して、一律の幸せを押し付けないことを表現し多様性を受け入れ、個性を尊重することで「一人ひとり」の幸せを追求できるステージが会社であるとしています。

だからこそ、お金を得るためにストレスを溜めたり、余裕がなくなったりしてしまっては、それぞれの幸せを追求することができなくなるので本末転倒です。会社はあくまでも決められた時間だけ働く場所で、不必要な残業があってはなりません。

ここまで考えて初めて、生産性を向上させねばならない理由が皆に納得されます。

この経営理念が社内で働く仲間一人ひとりに浸透したため、今は生産性向上に対する取り組みが自然と進むようになりました。

経営者が理念を体現することで従業員がついてくる

「生産性の向上」も、それに伴う「残業時間の削減」も、従業員に対して現在の仕事のやり方を否定して、さらに負荷をかけていくものですから、きつくてつらい改革になります。従業員から反対の意見が出てきたり、怨嗟の声が上がったりすれば、経営者も人ですしつらくなりますから、「もうやめてしまおうか」と感じることもあります。

経営理念を策定する前の私が、ちょうどそのような状態でした。

「残業削減」は労働基準監督署からの是正勧告で「やらなければならないこと」ではありましたが、みんなからの異論や反論が多くて「やりたくないこと」にもなっていました。

しかし、経営理念を策定して「働く仲間一人ひとりが幸せを追求できるステージとして」従業員に貢献すると決めたときに、そのためには何をすればよいかを考えて、「残業削減」が、「やりたくないけどやらなければならないこと」から、理念を体現するためには「経営者として自分のやるべきこと」へと変化しました。

私自身、経営者として人前に出るときには「立派なこと」や「意識の高いこと」を口にしてはいますが、実際は一人の弱い人間です。

ですから、怠けてもいいという状況になればいくらでも怠惰になってしまえますし、逃げてもいいと言われれば逃げたくなることだっていくらでもあります。

何にも縛られていない個人というのは、そもそもそういうもので、本能的に自分の身の安全を第一に考えてしまうものなのです。

しかし、経営理念を策定して、それに沿って会社を経営するのだと決意した時点で、経営者としての私は、ただの弱い個人から、組織の運営を担う組織人へと変化しました。

個人として自分の欲のままに生きているとつらいことからは逃げ出したくなってしまいますが、組織人としては経営理念に従って実践することだけが求められます。

人間は弱い生き物なので、逆に理念や目的に向かっているほうが強くなれるのです。

経営理念とは、仕事のポリシーであり、その組織に属する全員が実践していくものです。そして組織の最高責任者である経営者は、誰よりも経営理念を体現した人でなければなりません。

なぜならば、経営者が理念を体現しているかどうかを従業員全員が見ているからであり、もし経営者が理念に背いていれば、従業員はその理念を信じなくなり、実践もしなくなるからです。そうして、お飾りになった経営理念を掲げている会社が、世の中にはいくらでもあります。そのような会社が理念の実践ができているかどうかは、従業員の行動を見ていればすぐにわかります。

つまり、従業員に経営理念を実践させるためには、経営者自身が何よりも経営理念を信じて実践を続けていかねばならないのです。

だからこそ、私も「残業削減」という難事業に、不退転の決意で本気で取り組んで成功させることができたのだと思っています。

ちなみに、一例になりますが、残業時間は平均一人あたり月間15・5時間で、一日平均だと1時間未満です。

また年間の休日日数は121日間で、プラス有給休暇が15日の合計136日間になります。有給取得率も85%ですから、年間365日の3分の1は休める計算になっています。

そのようにして生み出された時間で、多くの人は家族との暮らしや自分自身の時間を楽しんでいます。従業員は結婚率や子持ち率や持ち家率が非常に高く、プライベートが充実していることも私の誇りとするところです。

このようにプライベートが充実することを強調するのは、「帰っても何もすることないから残業すればいいや」という従来の考え方から、「帰宅したら楽しみが待っているから仕事を早く終わらせよう」というマインドへと意識を変えてほしいからです。

私が話を聞く限り「残業を減らしたい」という経営者の方は「残業が減るとどのようなことが起きるか」を従業員に対してほとんど説明していません。

達成されたときのイメージを身近に持っていただくことはつらい状況を乗り越えるときには原動力にもつながりますので、非常にわかりやすく「所得が倍増する」と説明しました。実際には毎月の手取り収入は倍増まではいかないのですが、時間換算では倍増といっても差し支えないくらいの大幅アップをしています。

もちろん、当初は「残業を減らすことで、みんなが幸せになるんだよ」と言っても、懐疑的な人が大勢いました。残業を減らして成果を高めて生産性を向上させたところで、それが自分の給与に反映されると信じてもらえなかったのです。

そこで私は、代表に就任した年には、全員に歴代最高額の賞与を出しました。まだ残業時間も多く、残業代の支払いも多いなかで経営的には苦しかったのですが、給与も賞与も増えているという実感がないと、生産性向上という苦しい営みを続けてもらえないと考えたからです。

そして、今後も利益が出れば経営理念にのっとって、全員に分配するというメッセージを送りました。

すでに述べたように、最初の1年間は、残業を減らしても前年度と同額の残業代を、残業差額補填手当として支給しました。

そこまでやって初めて、「働く仲間一人ひとりが幸せを追求」という経営理念が、単なるお題目ではなく、本当に会社の目指すところだと信じてもらうことができたのです。

私が経営理念を策定したのは、生産性向上のためだけではないのですが、結果として理念の浸透を通して自律した従業員が多くなり、生産性の向上に大きく寄与しました。

生産性向上＝目的×手法×仕組み

生産性向上は、目的と手法と仕組みの3つからなります。

組織全体が共有できる目的がなければ、「生産性向上」の掛け声は、経営者の自己満足や、外部へのアピールに終わってしまいます。「所得倍増」という誰もが納得できる目的を掲げて、従業員が一丸となって「生産性向上」に協力できるようにしました。

しかし、目的だけがあっても、手法が伴わなければ結果につながりません。経営者は目的を設定するのはもちろん、それが掛け声だけで終わらないように、手法（やり方）も示す必要があります。

「労働生産性」とは、「労働による成果（売上）」÷「労働投入量（時間）」の式で表されるものです。

ですから、生産性向上のためには、分母の「労働投入量」を削減することと、分子の

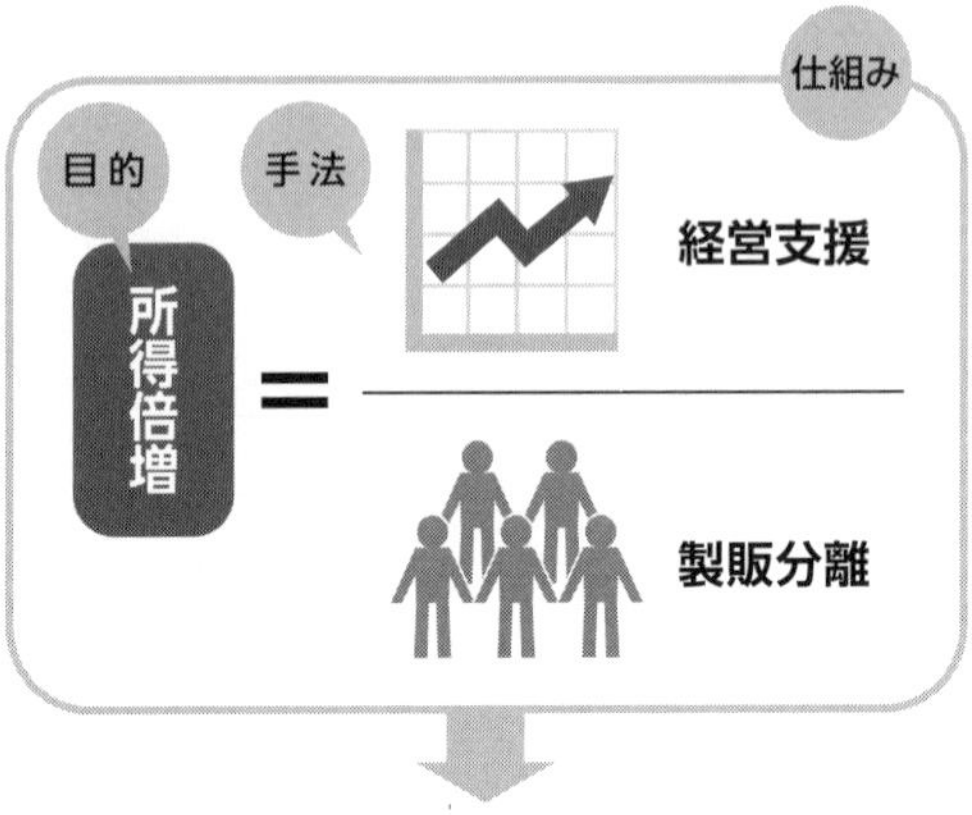

生産性向上 ＝ 目的 × 手法 × 仕組み

「労働による成果」を増大させることの2つの手法が必要です。

まず分母である「労働投入量」の削減のために「製販分離」という分業体制を整えました。

これにより業務効率化ができて、同じ仕事の総量に対して労働投入量を削減することができました。

次に、分子の「労働による成果」を増大させるために、従来の会計事務所の仕事のフレームをはみ出して「経営支援」という新しい事業と市場を開拓しました。

新規事業の開拓は難しいものですが、従来の制度会計からの顧客を多く抱えていて、そこに対するアプローチであったことと、従来の業務とのシナジー効果があることから、売上を増大させることができました。

ですから、手法としては、内部に対しては「製販分離」（分業体制）で労働量を削減し、外部に対しては「経営支援」（付加価値向上）で労働の成果を向上させるものといえます。

これらの「目的」と「手法」を組み合わせて、明示的に説明したものが「仕組み」です。「目的」と「手法」をばらばらに施すのではなく、「目的」のために「手法」があり、「手法」を推進する際には常に「目的」を意識することで、「生産性向上」に向けて「仕組み」が回り始めます。

分業体制がどの企業でも絶対に正しいわけではない

「製販分離」の分業の仕組みはとてもうまく回りました。

例えば、従来は一人のスタッフが担当できるクライアント企業は月に20～30社が限界だったのですが、分業体制にして書類作成から解放されたことで、プロソトのスタッフは月に50社近くを担当できるようになりました。

さらに、それぞれのスタッフが専門業務に特化したことで作業速度が向上して、作業時間が顕著に短縮されました。

プロソトのスタッフに関していえば、余った時間をより高付加価値な業務に充てることができたため、その時間を自己研鑽や商品研究に充てて、管理会計やＭＡＳ監査などのご提案ができるようになり、売上も増大の一途をたどっています。

また、従来は各スタッフが最初から最後まで抱えていたために、内容がブラックボックス化していた業務が、分業によって組織全体で見られる工程になったため、進捗把握ができるようになり、ボトルネックの改善などＰＤＣＡサイクルが回り始めました。

これによって、さらなる「生産性向上」が期待できるようになります。

例えば、分業によるデメリットとして、プロソトがクライアント企業から聞いてきた申し送りを、プロナカに伝え損ねるというコミュニケーション・ロスがあり得ます。

このような事態が起きてお客さまからクレームがあった場合、お互いに自分は真面目に仕事をしていると主張したいので、プロソトは「きちんと伝えたはず」と怒り、プロナカは「聞いていません」と抗弁して、諍いになってしまいます。

このような問題は新しい体制にはつきものです。

最初から完璧な体制を築くことは難しいのですから、問題が起きたときは、その時点で問題解決のための方法を探って、対策を立てて、次からは起きないように対処すればよいだけの話です。

プロソトとプロナカとの間のコミュニケーション・ロスに関していえば、口頭での伝達だけではなく、すべて文字ベースで、あらかじめ用意された用紙に同じフォーマットで書くことでかなり減らすことができました。

従来であれば、プロソトの仕事もプロナカの仕事も同じ一人のスタッフが担当していたので、コミュニケーション・ロスは存在しませんでした。

そのため、このようなトラブルが起きると、分業システムに対する批判につながってしまいます。

もちろん「製販一体」システムにも、「製販分離」システムにもメリットとデメリットがあります。

「製販一体」システムで、一つの仕事を一人の人が担当する場合、仕事の進め方やトラブルへの対応が、その人個人の能力で処理されます。

そのため、その人が優秀であればなんの問題もなく仕事がさくさくと進み、マイペースで仕事ができるために、気持ちよく働けてモチベーションも高くなります。

しかし、一度、その人の能力を超えるような事態が起きた場合に、往々にしてなんの報告もないままに問題が深刻化することが多いです。

業務の進捗がブラックボックス化しているためにほかの人が気づけないからです。

そのようにして一つの仕事の進行が遅れると、ほかの仕事の進行にも悪影響を与えて、結果として、その人が抱えている仕事がすべてトラブル化して、会社の信用にも傷を付けることになりかねません。

一方、「製販分離」システムでは、一つの仕事を多くの人が共有するため、コミュニケーションの不足によるトラブルが起こりがちです。

「言った」「言わない」の諍いだけでなく、確かに伝達していたとしても言葉の不足や解釈の違いなどでコミュニケーションに齟齬が生じて、結果的に当初の意図とは違う成果物が出来上がってしまうリスクが高いです。

一方で、一つの仕事に多くの人が関与する「製販分離」システムの場合、多くの人がアドバイスやフィードバックやチェックができるようになります。

このようなシステムは、クリエイティブな業務の場合には成果物を凡庸にしてしまうことが多いのですが、会計事務所のようにミスのない定型仕事が求められるような業務の場合には、非常に有効に機能します。

運用を始めたばかりの過渡期には、コミュニケーションの問題が多々起こりましたが、PDCAを回して、一つひとつに丁寧に対処していくうちに、スタッフも慣れてきて問題がほとんど起こらないようになりました。

また、経験を重ねて「こういう場合にはこのように対処する」、「こういったケースが想定されるので、あらかじめこのような対応をしておく」といった運用ルールが積み重なっていくうちに、マニュアルが充実して、新しく入ったばかりのスタッフでも業務を遂行できるようになりました。

「分業体制」を進めれば進めるほどマニュアル化が進み、生産性も向上したのですが、それで「めでたし、めでたし」になるほど話は単純ではありませんでした。

すでに述べたように、業務を細分化して、専門職を作り、マニュアル化によって誰もが分担できるようにする「分業体制」は、定型的な仕事には強いのですが、イレギュラーな事態には弱いという特徴があります。

システムが固まれば固まるほど、そこに想定されていない事態のときに、臨機応変に動くことができなくなるからです。

例えば、2020年にコロナ禍が起きたとき、在宅ワークになかなか対応できませんでした。

業務に使うシステムが決まっていて、在宅に持って帰れないために、出社しての作業しかできなかったのです。

一例を挙げれば、成果物を紙で郵送することが決まっていたために、郵送を担当するスタッフは毎日出社して、成果物をプリントアウトして、預かった資料とともにレターパックに詰めて発送しなければなりませんでした。

業務のルールを決めて、それに沿った運用をするシステムでは、ルールを変えることに対して非常に強い抵抗が働きます。

一方、属人的な「製販一体」システムでは、業務の進め方はその人のマイルールに過ぎませんから、「郵送は後日に後回しにしよう」とか「今日は遠くのクライアントを訪問するので、電車の中でノートパソコンを使って作業しよう」などと、臨機応変に変更ができます。

両方のよいところを取り入れるために、製造部門に工場長を任命して、その人の裁量である程度の変更を可能にしました。

工場長は長（リーダー）の名前が付いていますが、ボスというわけではありません。工場長の仕事は、各プロセス間のコミュニケーション・トラブルや、進捗状況の違いによって発生するボトルネックの解消で、それぞれの言い分を聞いての調整がメインです。

その結果、工場長の仕事が非常に属人的になってブラックボックス化していて、代わりが効かなくなりつつあるというのが最近の課題です。

仕組みを作って終わりではなく、継続的な改善が必要

「生産性向上」の取り組みは、一進一退であり「これで完成した」とか「完璧な体制がで

きた」ということはありません。

なんらかの問題に対して新たなルールを策定して対処すると、今度は新しく作ったルールに対して問題が生じます。モグラたたきのように、トラブルを一つずつ潰しつつ、前進するしかないのです。

例えば、コミュニケーションの「言った」「言わない」の問題は、紙のシートを作って記録を作ることで解消できましたが、シートにすべて書くというルールを作ると、今度は人間関係を円滑にするちょっとした声掛けがなくなって、摩擦が起きやすくなりました。

一例を挙げますと、なんらかのミスをしたときには、直接会って頭を下げながら「ごめんね」と言えばいいものを、いつもシートに書いていて直接会わないことが常態化していると、謝罪の言葉すらもシートに「申し訳ありません」と書くようになります。

確かに謝罪しているといえばそうなのですが、紙に書かれた言葉はどうしても微妙なニュアンスが抜け落ちて、真意が伝わりづらくなります。

直接会って「ごめんね」であれば「いいよ、いいよ」となるような関係でも、それを抜きに「申し訳ありません」と書かれると、本当は納得していないのに言葉だけで謝罪しているかのような嫌味に受け取られる可能性もあるからです。

文字だけの謝罪だと、相手のほうも「謝罪されていない」という気持ちになりやすく、その後の仕事にも支障を及ぼすことが多々あります。

対面コミュニケーションと違って、文字だけの場合は、人によって表現力に大きな差があることも問題です。

文字をたくさん書ける人は、文字ベースのコミュニケーションでも十分に真意を伝えることができるのですが、そうでない人の場合、本人は伝えたつもりでも伝わっていないことがよくあります。

対面でのコミュニケーションであれば、言葉足らずで表現力の少ない人に対しては質問して真意を確かめたり、あるいは相手の表情や態度を見るといったノンバーバル・コミュニケーションによって補ったりができますが、文字だけではそうもいきません。いきおい、解釈の違いが生まれやすく、コミュニケーション・ロスが生じやすいのです。

今日本では「生産性向上」の仕組み化が流行っていますが、役割分担の分業化と「製販分離」の仕組み化には、セクショナリズムを助長するという問題点もあります。

例えば、プロソトとプロナカ、あるいはプロナカとプロインとの間には、どちらが担当する作業ともいい難い、グレーゾーンの業務がたくさんあります。

特にイレギュラーなトラブルが起きたときには、あらかじめ想定されていない業務が発生するので、グレーゾーンが生まれやすいのです。

そのようなときに、役割分担と専門職化が進みすぎていると、誰もが「これは私の仕事ではない」といって、その作業に手を付けないという事態が生じます。

従来のような「製販一体」体制であれば、最初から最後まで一人が担当しているので、業務と業務の受け渡しがなく、すきまに生じた仕事もすべてその人が解決することが明白になっています。

しかし「製販分離」体制では「自分の仕事はここまで」という意識が生まれやすく、プロフェッショナルであるからこそ、慣れていないほかの仕事には手を出さないという風土に陥りがちです。

そこで、また新たな改革として、それまではプロソトはプロソト、プロナカはプロナカと、それぞれ別々に編成して仕事の場所も分離していたものを、仕事の単位ごとにユニットを編成して、一つのユニットにプロソトとプロナカをそれぞれ入れて仲間意識を持てるようにしました。

従来は部署も席も仕事内容も別々だったのを、同じユニットに入れて席も隣同士にすることで、コミュニケーションがスムーズになることを狙ったものです。同じユニットにしても、コミュニケーション・ロスは完全にはなくなりませんから、やはり「これは私の仕事ではない」、「そちらがきちんと伝えなかった」などのトラブルは生まれますが、それはユニット長がお互いの話を聞いて調整します。現場同士がやり取りをすると喧嘩になることが多いので、調整を行うユニット長や工場長の負担が増えて、リーダー同士の会議の時間も増えました。

このように、確かに「分業体制」の構築で「生産性向上」には成功しましたが、それが絶対的な正解だとは考えていません。

改善を繰り返すなかで、将来的に「分業体制」を見直すことがないとは限りませんし、事業環境の変化で「分業体制」が逆に生産性を低下させる可能性もあるからです。

生産性向上には仕組み作りが欠かせませんが、経営者が主導してなんらかの仕組みを作ると、どうしても「仕組み絶対主義」を信奉する従業員が出てきます。

国家であれば、定められたルールは法律であり、改正されるまでは絶対に守らねばならないものではありますが、民間企業におけるルールは罰則のある法律ではありませんから、おかしいと感じたときには誰でも平等に意見を表明して、よりよいものに変えていけばよいのです。

中小企業では、経営者が仕組みを作ると、その経営者に遠慮してみんなが反対意見を言えなくなることが多いですから、私自身が率先して「仕組みは法律じゃないから、その時々で最もよいかたちにどんどん変えていこう」と投げ掛け続けました。

つまり、なんらかの仕組みを策定するときには、常にその仕組みを改善する仕組み自体を作っておかねば、長期的な成功はありません。

現在は、事業環境も市場もめまぐるしく変化する時代ですから、最初はうまく回っているように見えても、すぐに陳腐化して、かえって生産性を低下させる原因になってしまいます。

私がそのあたりで参考にしているのは無印良品です。無印良品は小売業で膨大なアルバイトを管理していますから、マニュアルの作成には非常に長けています。

しかし、彼らは一度マニュアルを作ってそれで終わりではなく、常に多くの改善点を収集して、毎月マニュアルを更新しているのだそうです。

無印良品のマニュアルについては、その量や質についても賛辞の声が絶えませんが、開発に携わった元会長の「マニュアルに完成はない。どんなに一生懸命作っても、できた時点から内容の陳腐化が始まる」という言葉こそが最も重要だと感じます。

実際にマニュアルを使用する現場からの改善提案も常に受け付けていて、ある年には2万件の改善提案があって、そのうち443件が採用されたそうです。

多くの「業務効率化」のノウハウ本は、最初の仕組みを作るところまでで終わっていますが、新しい仕組みは、作ったあとのほうが問題が多く起きるものです。

そこで毎月一日は、現場の仕事を止めて、仕組みを改善するための会議を行っています。私はこれを「思考の一日」と呼んでいます。

この話をすると「時間の無駄ではないか」と言ってくる人がいるのですが、従業員の一人ひとりに何も考えさせずに、ひたすらマニュアルに沿って効率よく作業を進めろという態度では、トラブルが起きたときに何もできない人材ばかりになってしまいます。

仕組みというのは、ある意味では「これさえやっていればいい」となって従業員を思考停止させるものですから、それだけをやっていると成長が止まってしまうのです。

「思考の一日」では何を考えるのかといえば、仕組みが本当に正しく機能しているかどうかです。その際に、考える礎《いしずえ》となるのが経営理念です。

仕組みというのは、あくまでも業務を効率化させるための道具（ツール）であり、それ自体が絶対に正しいものではありません。一方、経営理念は会社が進むべき方向を定めたものであり、誰もが参照できる常に正しい真理です。

ですから、毎月一回は、経営理念に照らして仕組みが正しく機能しているかどうかをチェックする日が必要なのです。

このように、仕組みやルールを絶対化することなく、経営理念に照らして何が正しいかを自分の頭で考えさせることで、自律的な従業員が育ちます。

自律的に「生産性向上」に取り組む従業員を育てる

「生産性向上」の仕組みが回るというのは、経営者が立てた目標と、経営者が示した手法がうまくからみ合って功を奏すというだけのことではありません。

本当に「生産性向上」ができたといえるのは、経営者が何もしなくても、個々の従業員が自分たちで考えて、さらなる「生産性向上」に向けての取り組みを始めるようになってからだと考えます。

なぜなら、人間は成長するものなので、最初に出た結果はすぐに努力して超えられるものになるからです。

また、最初に経営者が作った仕組みは、時間の経過とともに陳腐化して、そのうちに効果がなくなります。

そうなったときに、新しい仕組みを自分たちで考えられるかどうか、絶え間なく改善を続けていけるかどうかが「生産性向上」の肝になります。

いわば「生産性向上」とは、常に限界に向けて、自分の生産性を向上させ続けていく営為のことです。

現在、自律的な従業員が多くなって、私が何もしなくても「生産性向上」の試みが続けられているので、かなりの勢いで成長を続けています。

会計業界というものは、すでにほとんどの会社が顧問税理士を持っていて、なおかつ地方都市ではお付き合いというものがあって、よほどの問題がなければ顧問税理士の変更はあり得ないといわれています。

一般の会計事務所では新規開拓は年数件受注できればよいほうだといわれているなかで、私の会社では年間60件のペースで新規顧客が増え続けています。

これも私がそのような数値目標を掲げたわけではなく、「生産性向上」=売上の増大と労働時間の削減に目覚めた従業員一人ひとりが自律的に動いた結果です。

「生産性向上」というのは、ある意味ではゲームみたいなもので、やり始めれば非常に楽しいのですから、本来は強圧的に押し付ける必要はありません。

むしろ、上から押し付けられるとやる気を失ってしまうのが人間というものです。

では、どうすれば自分から自律的に動くようになるのかといえば、それを自分自身が能動的にやりたいものであると感じるからです。

そして、いかにしてそのように感じさせるかといえば、そこで役に立つのが共感できる経営理念です。

なぜ経営理念が必要なのかといえば、そもそも、会社で働くということに対して、誰もが共有できる明確な目標がないからです。

仕事はどのようにすべきかは研修で教えられますが、そもそも会社で働くということに対してどのような心構えで望むべきかは、あらためて教えられるものではありません。

そのため、ある人は「いただいている給料相応の働きしかしない」でしょうし、別のある人は「怒られない程度にしか働かない」かもしれません。

また別のある人は「お客さまのために一生懸命働く」と決めているかもしれませんし、また別のある人は「お客さまよりも会社の利益を優先する」と考えているかもしれません。

人間は千差万別で、それぞれの人がどのような価値観を持っていて、どのような態度で仕事に臨んでいるかはわからないのです。

そのようなばらばらの従業員を、一つにまとめる何かがあるとするならば、それが会社の経営理念です。

経営理念とは「この会社はなんのために存在するか」を宣言するもので、その会社に所属する従業員はどのように行動すべきかを規定するものです。

経営理念に「働く仲間一人ひとりが幸せを追求できるステージ（場）として、お客さまが安心して成長できるパートナーとして、社会・地域の進歩・発展に貢献する企業であり続ける」と明記したことで、従業員は少なくとも仕事の場では「働く仲間一人ひとりの幸せ」や「お客さまの安心」や「社会・地位の進歩・発展に貢献」することを意識しながら働くことになります。

このとき、自分の上司やマネージャーがこの理念に背いていると、部下たちは「理念はたてまえだ」と感じて、同じように理念に背くようになります。

つまり、理念が求心力として機能しなくなります。

そのため、マネージャーは常に会社の理念を体現する存在でなければならず、その姿を見て部下たちが理念の方向を向いて足並みをそろえることが、マネジメントの要諦になります。

もちろん、経営者たる者は、社内の誰よりも経営理念の代弁者でなければなりません。

これを「理念経営」と呼びます。

コロナ禍で注目される「生産性向上」

２０２０年の新型コロナウイルスの流行は、民間企業の「生産性向上」といった問題に、不可逆的な変化を刻み込みました。

それまで、日本企業では「生産性向上」という言葉は、どちらかといえばきれいごとのお題目的な、せいぜいＣＳＲ（企業の社会的責任）的な面で、ブランディングに役立ちますよという視点からしか語られてきませんでした。

それというのも「生産性向上」という用語が、「残業時間削減」とか「ワークライフバランス」とか「働き方改革」などといった、官の論理でばかり語られがちで、利潤の追求という民間企業のむき出しの目的とは相性が悪かったからです。

もちろん、時代の変化による後押しはあって、一時、流行した「ブラック企業」という言葉の破壊力で、企業はコンプライアンス（法令の遵守）を意識するようになりましたし、ハローワークも企業の求人に対して「離職率の表示」や「社会保険の完備」などを求めるようになりました。

とはいえ地方都市ではまだまだ「サービス残業」も「休日出勤」もありがちだったところに起きたのが、新型コロナウイルスの流行です。

すべての人間がソーシャル・ディスタンスを求められ、人と人との接触がセンシティブに忌避されるようになって注目されたのが、「生産性向上」のためのツールです。

実は、コロナ禍と「生産性向上」とは直接的な関係はそれほどないのですが、会社への出勤を控えたほうがよいとなって、在宅ワークが推奨されるようになって、そのためのツールとして注目されたのが、もともとは「生産性向上」のために用意されたものばかりだったのです。

例えばいまやＷＥＢ会議の代名詞のようになってしまったＺＯＯＭが生まれたのは２０１１年のことで、コロナ禍よりも10年も前のことになります。

当時からもちろんＺＯＯＭの開発者は「直接会って話すと移動時間が無駄だから、生産性向上のためにテレビ会議を利用しましょう」と言っていたのですが、ご存じのように、コロナ禍が起きるまではほとんど広まりませんでした。

その理由として「直接会って話さないと伝わらないものがある」などともっともらしく

言われていたのですが、ほとんどの場合、単に「これまでのやり方を変えるのが面倒だった」だけではないかと私は推測しています。

現に、コロナ禍のなか、多くの企業がＺＯＯＭを導入しましたが「やはり直接会って話さないとだめだ」といって、一度導入したＺＯＯＭの運用を廃止した企業は、寡聞にして一社も聞いたことがありません。

私自身、「直接会うほうが臨場感があって楽しい」と感じたことはありますが、ビジネスシーンでの利用においてＺＯＯＭではコミュニケーションがうまくいかない」と感じたことはありません。

コロナ禍で注目されたツールは、ＺＯＯＭをはじめとして移動時間を削減する「生産性向上」ツールが多くありました。

ChatworkやSlackなどのいわゆるコミュニケーションツールも、自分や相手の居場所はそのままに、移動しなくても、時間を合わせなくても、すぐに文字ベースの会議が始められるというものですから、時間を短縮させる「生産性向上」ツールになります。

これらも、従来あったものですが、コロナ禍になるまでは一部のアーリーアダプターにしか注目されていなかったものでした。

新型コロナウイルスが流行して、強制的に在宅ワークをせざるを得なくなった人たちが、そのような「生産性向上」ツールを使ってみたところ、あまりの便利さに驚いて一気に普及が進んだというのが現在の「生産性向上」シーンです。

一方で、問題がまったくなかったわけでもありません。

ここまで縷々《るる》述べてきたように、「生産性向上」のためには、「労働時間の削減」と「労働の成果の向上」の二輪をともに回さねばなりません。

ところが、もともと政府の「働き方改革」が「労働時間の削減」ばかりのフォーカスを当てていたこともあり、「労働の成果の向上」は忘れられがちでした。

経営者は「労働の成果の向上」ばかりに注目して「労働時間の削減」をおざなりにする傾向があるのですが、従業員のほうは逆に「労働時間の削減」を喜んで、「労働の成果の向上」をあまり気にしなかったのです。

本来、「労働時間の削減」が実現されれば、ワークライフバランスが保たれて、十分な英気を養うことができて「労働の成果も向上」するはずです。

実際、そのようにして会社の利益の向上に貢献した従業員もたくさんいましたが、聞くところでは、よその会社では、在宅ワークになって時間あたりの生産性が低下した従業員もいたそうです。

なぜかといえば、それはやはり経営理念の不在です。

会社で働くときにどのような態度で臨むべきかを定めた理念が存在しない場合、「自分のために働く」従業員が出てきたとしてもおかしくありません。

実際、在宅ワークが始まってしばらく経つと、従業員が本当に自宅で仕事しているのか信用できないと考える経営者が多く出てきました。

そのため、「生産性向上」ツールの次に、コロナ下で発達したのが「監視」ツールです。在宅ワークは、移動しなくてもよいという自由のもとに生まれましたが、その一方で、自由であるがゆえに確かに仕事していることを遠距離でも証明しなくてはならないという不自由さも生み出しました。

私自身、緊急事態宣言下では、東京支社を完全在宅ワークにしましたが、その一方で、同じ場所で働いている従業員には、何か聞きたいことがあるときにすぐに声が掛けられるのに、在宅ワークで働いている従業員には、電話をかけてもなかなかつながらない、というモヤモヤした気持ちを抱えたことがありました。

会社に出勤して、同じフロアで働くというのには、みんなが考えている以上の利点があったことがわかったのも、コロナ禍の収穫といえます。

在宅ワークで生産性向上

おおむね、「在宅ワーク」では「生産性向上」が図られて、「労働時間の削減」が実現しました。

「監視」ツールも発達したので、在宅ワークだからといってさぼる人も少なく、むしろ周囲の人に仕事を中断されることなく集中できるので、時間あたりの生産性は確実に高まったのです。

その一方で「在宅ワーク」が肌に合わずに、生産性が低下した人も見られました。

残酷なようですが、コロナ禍で生産性を低下させてしまった人のほとんどは、ＩＴツールを使いこなすことのできない方たちです。

例えば、在宅ワークなのに会社にノートパソコンやその充電器を置きっぱなしにしている人がいて、あの人はいったいなんの仕事をしているのかとうわさになっているおじさんもＳＮＳなどで話題になっていました。

これまでであれば、そのような人も会社に出勤しているというだけで、何かをやっているように見えていたわけです。

実際に、取引先との顔つなぎの役に立っている人もいましたし、仮に何もやっていないとしても、出勤して会社にいれば、自分の時間を提供しているのですから、百歩譲れば働いているように見えていました。

ところが、在宅ワークになると、みんなが自宅にいるだけに、さぼっていないかどうか、その仕事の質や成果が厳しく問われるようになりました。

移動しなくてもよい自由が与えられて、自宅にいるというだけで「さぼっているのではないか」という視線が浴びせられるようになり、逆に窮屈な監視社会が到来してしまったのです。

人間は同じ場所にいて顔を合わせているというだけでお互いに寛容になれるのですが、姿が見えないとなぜか相手に対して厳しくなってしまうのです。

私自身、在宅ワークの従業員に聞きたいことがあって電話したときにつながらず、あとから折り返しの電話がかかってきたりすると「仕事しているはずなのになんですぐに電話に出られないの？」と聞きたくなる気持ちをいつも抑えていました。

その気持ちが伝わってしまうのか、折り返しで電話をかけてくる人はたいてい「すみません」とか「申し訳ありません」といった謝罪の言葉から会話を始めるのです。

電話が怖くなったという人もいました。さぼっていなくても、かかってきた電話を取れなかったことで、さぼっていたんじゃないかと思われるのが怖いというのです。

また、会社内においては、在宅ワークでミスをした社員が、出勤しているときよりも厳しく責められているのを見たこともあります。

ミスの多い人でも、隣にいて仕事をしていると一生懸命やっているのがわかるのですが、在宅ワークで距離ができると、そのような様子が見えなくなって、ミスがあるたびに、どんどん相手に対するイメージが悪くなるのです。

出勤して仕事をしているかいないかで、相手に対する評価がこれほどまでに違ってしまうというのは、まことに新しい発見でした。

いる。在宅ワークでは、業務効率がよくなって労働時間が削減され、一方で周囲からの監視や評価の視線が厳しくなることもあって、多くの企業では従業員の生産性は向上したと思います。

実際、これまでは会社に出勤していても、とりあえずパソコンを立ち上げるだけでのんびりとしていた人はいたのですが、在宅ワークではログが残るため、パソコンを立ち上げるだけでぼんやりしている時間が少なくなりました。

会社ではパソコンの前に座っているだけで仕事しているように見えていた人も、在宅ではそのパソコンを使ってその時間にどれだけのことをしたかの記録が取られるので、実際には誰にも見られていなくても仕事に精を出さなければならなくなったのです。

そのために「在宅疲れ」という言葉が生まれました。在宅では「仕事をしています」アピールが必要になり、かえって気疲れしてしまうというのです。

また、在宅ワークになって夫婦が１日中同じ部屋で過ごすことになった結果、これまでは糊塗されていた相性の悪さが露呈して、喧嘩が多くなった結果、「コロナ離婚」という言葉も生まれました。

「在宅疲れ」とか「コロナ離婚」という流行語は、人間関係の難しさをよく表しています。

ＺＯＯＭなどのＷＥＢ会議も、参加者一人ひとりの顔が個々のフレームで表示されるため、一望監視ができるようになって、会議に参加しても黙っているだけの人が目立つようになりました。

リアルで対面した会議では、参加者全員の顔をフラットに眺めるような機会はほとんどなく、話している人に意識が向くため、何もしゃべらない人も、内職をしている人もそれほど目立ちませんでしたが、ＺＯＯＭでは違います。

そのため、ＺＯＯＭにおいても「仕事をしています」アピールが必要になり、同じように疲れている人が散見されます。

経営者になってから、大学院に通って経営学をあらためて学んだのですが、そこにいる社会人学生の多くから、在宅ワークが始まってからというもの、時間ではなく成果で評価がされるようになったとの感想を聞いています。

仕事をしている様子が目に見えないと、上がってきた成果だけで判断されるようになるのですが、成果は時間と量という数値データで判断できるものなので、仕事のできる人とできない人との差異ばかりが目立つようになりました。

そこで「なんでこんなに時間がかかるの？」とか「それをする必要があるのか？」とか、

仕事のできる人基準で詰められるようになったのです。

在宅ワークでは「仕事はできないけれども会社のムードメーカー」とか、「実務はいまいちだけれども面倒見の良い方」とかが存在する余地が少なくなっています。

言い換えれば、コロナ下では強制的に業務の見える化が成されるようになって、効率化のツールの導入も進んで、個人レベルでの生産性は大きく向上しました。

その一方で、ツールを使いこなせない方が、従来のやり方の仕事ができなくなって生産性が低下したり、新しい環境に慣れずにストレスを溜め込んだりしています。

例えば、私は経営者として営業を受けることが多いのですが、コロナ下では対面営業ができなくなって、年配の営業マンの姿をすっかり見掛けなくなりました。日参して顔を覚えてもらったり、飲みに誘ったりといった古典的な営業手段が使えなくなって、何もできなくなってしまったようなのです。

逆に若い営業マンは、ＳＮＳやＺＯＯＭを駆使して、がんがんと営業をかけてきました。ツールが使えるかどうかで、ここまで差が出てしまったのです。

経営者としては、従業員の間に存在する、このようなデジタルリテラシーの格差やデジタルデバイドによるストレスを解消していく方法をも考えねばなりません。

第4章

プロ経営者として成果を上げるために

経営に向かう覚悟ができた

私は父の後を継いだ二代目経営者ですし、父は税理士で会計事務所の所長だったので、本来であれば私も税理士資格を取得して、税理士法人の代表になるのが筋だったと思います。

しかし、税理士試験に合格していないときに、労働基準監督署の立ち入り調査という突発的な事件から、なしくずしに経営に関わるようになったわけです。

そもそも、経営者になろうと思ってなったのではなく、ほかに経営を見る人がいなかったので、突然経営者になったのですから、当初は私のなかにも、税理士資格を取得して一税理士を目指すという選択肢は残っていました。

その思いがいつのまにか薄れてしまったのは、逆説的ですが、自分の限界を感じたからです。

これは謙遜ではなく表明するものですが、私は自分がそれほど能力の高い人間であるとは思っていません。

もちろん、経営者として業界ナンバーワンを目指す気概はありますし、ライバルには絶対に負けない会社を創っているとは思いますが、会社は私個人の能力で大きくなったものではなく、私も含めた従業員全員の力でここまできたものです。

もし、私個人の能力だけで勝負していたら、今の会社はなかったと思います。

人の能力というものをどのように計るかには諸説あるでしょうが、例えば私は現在、経営のかたわら大学院に通っていますが、卒業した大学自体の偏差値はそれほど高くありません。言い換えれば、高校生当時の学力はあまり高くありませんでした。

大学では写真部に所属して、カメラをいじるとともに、部室で仲間とゲームばかりしていました。当時では、ごくありきたりの大学生だったと考えてください。

のちに結婚する妻と出会えたのもこの大学でのことなので、よい青春を送れたとは思います。

卒業後は、東京での就職も考えたのですが、家族のことを考えて福島に戻り、税理士試験対策の予備校に通いながら、父の会計事務所で働き始めます。

このとき、もし東京で就職していたら、私の人生はまったく違うものになっていました。

税理士試験というのは、1科目ずつの試験が合計で5科目あって、一度にすべてを合格しなくてもよくて、数年かけて資格を取得する人がほとんどです。なかには、集中して勉強して短期で全科目合格をする人もいるようですが、私は働きながらの勉強でしたし、そのような受験エリートではありませんでした。

父の会計事務所での仕事は、親の七光りと思われるのを避けたかったので、かなり頑張りました。成果を上げて、実力で事務所のナンバー3くらいの位置にはいたと思うので、仕事はできたほうだと思います。

ですから、経営者になった当時は自分がいちばんであるという鼻柱の強さもあったのですが、それもいつのまにかへし折れてしまいました。

当時と比べて従業員数が3倍になった今のグループでいえば、私よりも実務能力が高い人はほかに何人もいると思います。

長々と話してきたのは、結局、個人の能力でいえば、上には上がいくらでもいるという話です。

私はそれなりに真面目に生きてきましたし、努力もたくさんしてきましたが、それでも周囲を見渡してみて、自分の能力がずば抜けているとは思いません。

個人的な能力でいえば、すでに限界は見えています。

しかし、能力の限界を感じたからこそ、逆に経営者として生きていく覚悟ができたのです。

経営とは、多くの人の力を合わせて会社を運営していくことで、個人の能力での勝負ではありません。個人の能力での勝負では勝ち目がない戦いでも、多くの人の協力が得られる経営というフィールドであれば、業界ナンバーワンを目指すことができると思いました。

それは経営が個人戦ではなく、チーム戦だからです。

そして、業界ナンバーワンを目指せるだけのすばらしいプレイヤーが集まっていると思うからです。

経営者とはどのような存在か

ある日、突然、経営を任されることになって、私が最初に感じたのは責任の重さでした。

当時、会計事務所のスタッフは20人ほどでしたが、もし、私が「もう無理」と言って、経営を投げ出して事務所を畳んでしまったら、その20人が次の日から職を失い、収入の道を絶たれるわけです。

もちろん、貯金やら何やらで備えている人もいるでしょうし、社会保険にも加入していたのでしばらくは失業保険の支給もあるでしょうし、なかには簡単に次の職を見つけられる人もいるでしょうが、全員が幸せな転職をできるわけではありません。

なかには家族や小さな子どもを抱えた人だっています。その人たちの生活が、経営者の双肩にはかかっているわけです。

それはとても重い責任でした。

一方で、毎月20人の給料を確実に支払っていくというのも、別の意味で重い負担でした。労働基準監督署からの是正勧告で残業代の支給も義務付けられましたし、そのほかにボーナスの支給もあります。

ボーナスは利益が出たときだけでよいとはいえ、従業員の多くはボーナスも含めての給料だと感じているので、少なくなれば不満と不安を感じると思います。

しかし、どんなにプレッシャーやストレスを感じたとしても、経営者は社内では弱音や愚痴を吐くわけにはいきません。最高責任者である経営者が社内で弱みを見せると、従業員が不安になってしまうからです。

そう思った私は、経営者になってからしばらくの間、社内では威厳をもって権威的に振る舞おうとしました。

父も厳しい経営者でしたから、経営者というのはそういうものだと思っていたのです。しかも、権威的に振る舞うことで、経営者を中心に会社がまとまるのだとも思っていました。

その頃は、スーツや時計など、身につけるものもできるだけ高価なものを選んでいましたし、若かったので人になめられまいと必死で厳格さを出していました。

ところが、見よう見まねでカリスマ社長のふりをしても、ちっともうまくいかないのです。考えてみれば当たり前です。

偉そうにしていても、中身が伴わなければ尊敬されることはありませんし、高価なスーツや時計を身につけたところで、初対面の人間に対してはこけおどしになるかもしれませんが、中身が変わるわけでもないのです。

当時は、私自身も、いきなり経営者になって、何をしてよいかわからず迷走していました。

私の変化を見て、従業員の頃は仲良くしていたスタッフもなんとなく距離をおくようになりましたし、何をやっても結果が出ないので悩みました。

そうしてようやく気づいたのです。

みんなが「社長」と呼んでくれるのは、それは別に尊敬の念からではなく、ただの役割としてそう呼んでいるだけなのだと。

また、高価な時計やスーツを身につけてキャバクラに行ってちやほやされてみたところで、それはただ支払っているお金に対してのものですし、そういうところにはもっと高価な時計やスーツを着こなしている「社長」がたくさんいるのです。

他人との比較で優れているとなっても、上には上がいくらでもいるので満たされません。

この経験から、私は個人で優越感を得ることには、すっかり興味がなくなりました。

「社長」らしく振る舞ったところで仕事ができるようにはなりませんし、どれだけ偉そうにして、周囲から褒められたところで、それは個人の欲求を満たしているだけで、経営とはまったく関係のないことがわかったからです。

私が求めていたのは、経営で成功して、お客さまから喜びの声をいただいたり、従業員の笑顔を見たりすることだったのです。

それに気づいた私が作ったのが前述の経営理念です。

良い会社にはジリツした従業員が必要である

経営理念ができても、実践が伴わなければ「絵に描いた餅」です。

では、どのようにすれば「働く仲間一人ひとりが幸せを追求できる」ようになるのか考える必要があります。

短絡的な発想をすると、他の企業の相場と比べて多額の給与やボーナスを支払い、休日を増やし、福利厚生を充実させれば「幸せ」ということになるかと思います。

しかし、仮にそのような状態が実現したとしても、仕事がつまらなくてやりがいを感じられなければ、あまり幸せとはいえません。

また、多額の給与やボーナスを支給するには、それを可能にするだけの売上が必要です。

つまり、やりがいや達成感を覚えるほど、仕事で十分な成果を上げることが、働く仲間一人ひとりの幸せのためには必須です。

仕事で十分な成果を上げられるようになれば、自ずと給料もボーナスも上がるのですから、まず必要なのは「仕事ができる」ようになることです。

このことは別の観点からもいうことができます。

働く仲間を甘やかすことは、経営者にとって、やろうと思えばできることでしょうが、それが本当に相手のためになっているかどうかは疑問です。

会社は、従業員の面倒を一生見ることはできませんから、本当に従業員のことを思うのであれば、仕事で成長できるように育成することが、長期的には相手の幸せにつながるのです。

人生において人間が仕事をしている時間はかなりの割合を占めていますから、仕事で達成感ややりがいを感じられること、また、仕事で成長して、たとえ離職や転職をしたとしても困らないようにすることが、会社が従業員にできる最大の貢献だと思います。

筋力トレーニングと同じで、成長をするためには、ある程度の負荷をかけなければなりませんから、従業員にとって仕事で達成する目標が高く感じられることがあるかもしれません。

目標が高ければ高いほど、達成したときの感動もひとしおですから、そこは緩めないようにしたいと思います。

今、仕事においては高い目標が必要と述べましたが、それが上司からの押し付けになってしまっては、なんの意味もありません。

人間が本当に頑張れるのは、自分で納得して決めた目標に向かっているときだけですし、その仕事が楽しいと感じられるのも、自分で決めたことをやっているからです。

ですから、仕事で何を達成したいか、そのためには何が必要か、どのように行動すればよいか、などは、あくまでも本人に決めてもらわねばならないのです。

世の中には、すべて上から指示命令を出すような会社も存在します。

確かに、知識や経験豊富な上司がいて、その人の言うとおりにしていれば間違いがなくて、最も効率がよいということもあるのかもしれませんが、そのようなマイクロマネジメントを行う上司の下で働いている人は、たいていあまり幸せそうではありません。

また、そのような会社では、上から指示命令を押し付けているのにもかかわらず、「うちの社員は指示待ち人間ばかりで、指示がないと何もできない」と、上司のほうも不満を抱いていることがよくあります。

上からの指示命令で仕事を進めることは簡単ですが、それをすると従業員が自分の頭で考えることをやめてしまいますから成長しなくなり、結局は、本人のためにも会社のためにもならないのです。

私は、「働く仲間一人ひとりの幸せを追求」するためには、多少、時間がかかったとしても我慢して、「ジリツ」した従業員を作っていくことが大切だと考えています。

「ジリツ」には、2種類の漢字が充てられます。

一つは「自立」であり、もう一つは「自律」です。

前者の「自立」は、自分の足で立つことを意味します。

例えば、子どもが成長して親元から巣立ったり、新入社員が成長して先輩の手助けを必要としなくなったりすることを「自立」と表現します。

つまり「自立」とは「他人に決められたルールのなかで動くことからの卒業」を意味するもので、成長して一人前になることを指します。

もう一つの「自律」とは、自分を律することを意味します。

自分で自分をコントロールして、目先の欲望や快楽に負けないようになること、あるいは、自分でスケジュールを立てて納期を守れるようになることなどを「自律」と呼びます。

私はどちらも大切だと思っていて、従業員には、最初は「自立」を、それから「自律」を目指してほしいと考えています。

なぜならば「こうしなさい」「こうやりなさい」と、決めたことを押し付けるマネジメントを行っていては、その従業員の仕事の成果は予想の範囲内におさまってしまうので、仕事の成果の増大につながらないからです。

仕事の付加価値は、自律した従業員からしか生まれてこないと思います。

自律的な従業員を育てるマネジメント

自律的な従業員を作るためには、上から指示命令を押し付けるようなマネジメントをしてはなりません。

強圧的な昭和的マネジメントの結果が「上司より先に帰ってはならない」とか「残業を

したほうが会社に評価される」とかいった暗黙のルールを作り出して、会社の生産性を下げていたのです。

私がヒアリングしたところ「上司の分のお昼ご飯を買いに行く」とか「朝は上司よりも早く来て掃除をする」とか「定時になったらタイムカードを押してサービス残業をする」といった体育会系のルールを喜んでやっている人は一人もいなくて、みんな先輩や上司が怖くて黙っているだけでした。

それらの施策が生産性向上のために功を奏しているのであればまだよいかもしれませんが、たいていは部下のやる気を奪う結果になっています。

それでは、どのようなマネジメントがあるべき姿なのでしょうか。

理想は、押し付けではなく「自律をうながすようなマネジメント」です。

「なになにをしなさい」ではなく「なになについて、あなたはどう思いますか?」と問い掛けるようなマネジメントです。

そして、相手の回答に対して「なぜ、そうするのでしょうか?」と、常に問い掛けをして、深く考えさせていきます。

そうすると、結局は常に経営理念に立ち返ることになるので、だいたいは同じ答えに行き着きます。

たとえ、最終的な答えは同じであったとしても、「自分で考えて、納得して出した答え」であれば、上からの押し付けにはなりません。

仕事では何を成すべきかを「自分で考えさせる」というプロセスを入れることで、仕事に対する理解が進み、やる気も出て、自律的に業務に取り組むようになります。

では、「自律をうながすようなマネジメント」ができるマネージャーとは、どのような存在なのでしょうか。

いわゆるトップダウン型の組織では、マネージャーは上が決めた数値目標を、部下に達成させるために叱咤激励する存在だと思われてきました。

マネージャー自体も上司がいる中間管理職であることが多く、上から目標を押し付けられているため、下に対しても押し付けることが当たり前だと思われていたのです。

しかし、強権的なマネジメントが横行する会社では、部下は自分の頭でものを考えなくなりますし、仕事も楽しくなくて士気が下がって、生産性は向上しなくなります。

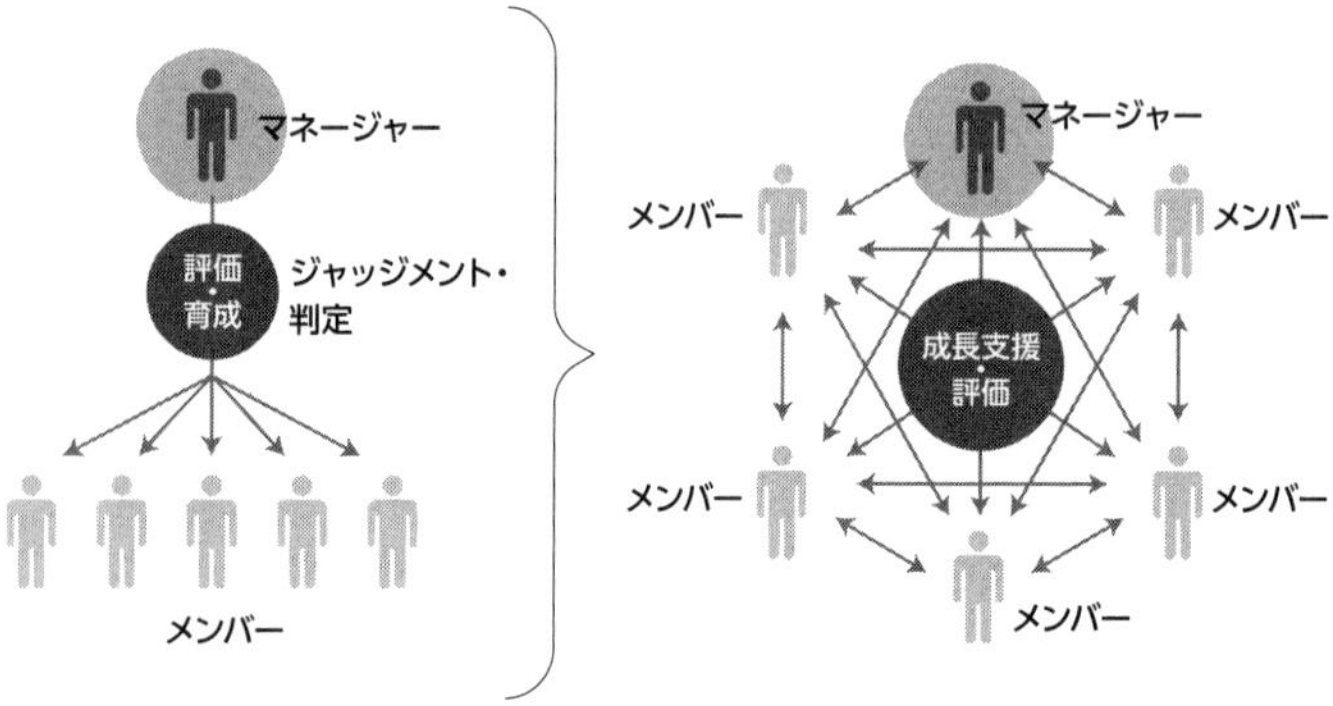

私は、マネージャーの本当の役割は、部下の管理ではなく、部下の成長を支援することだと考えています。

マネージャー＝管理職だと考えてしまうと、部下の管理をする権力者のイメージになってしまいますが、本来はマネージャーとはマネジメントをする専門職という意味で、部下との間に上下関係はないはずなのです。

制作業務で進捗管理やタイムキーパーをする人間が、必ずしも上司というわけではないことを考えれば、イメージしやすいと思いますが、マネジメントとは、その相手の可能性を最大限に活かすことで、相手を思いどおりに従わせることではないのです。

しかし、上下関係もないなかで、権力も使わずに相手の力を最大限に引き出すことはとても難しい営為です。

ですから、マネージャーは誰もができる仕事ではなく、その能力がある人材だけに許された専門職なのです。

では、上から指示命令を押し付けず、上下関係も使わずに、いったいどうやって部下のマネジメントをすればよいのでしょうか。

私は、そこでこそ経営理念が役に立つと思います。

物事には正解はないからそれぞれで考えることが大切

自律をうながすようなマネジメントについて説明をすると、時々誤解をする人が現われます。

従業員それぞれに考えさせるようにしているとはいえ、結局は問い掛けを通じて、マネージャーの考えに誘導しているのではないかという誤解です。

確かに局面によっては、そのようなケースも存在するのかもしれませんが、マネジメントにおいては誘導のみを目的としてはいません。

それをしていては、結局は「考え方の押し付け」になってしまうので、自分の頭で考える自律的な従業員が育たないからです。

各自がそれぞれ自分の頭でばらばらに考えているのに、どのようにして働く仲間の心が一つになるのでしょう。

それは、考えに迷ったときに立ち返るべき、経営理念という基準が常に存在するからです。

経営理念を一言でいえば「貢献」です。

仕事で迷ったときには、「働く仲間」や「お客さま」や「社会・地域」や「未来」に対する「貢献」を意識して、「どのように動けばそれらの方に対する貢献ができるか」を考えてくださいと、すべての従業員に伝えてあります。

そのうえで、それぞれの考えた各自の行動がばらばらになるのは全然かまいません。それが多様性であり、その人にしかない個性だと思うからです。

しかし、いずれにしても経営理念という基準には背かないものになるので、会社としての統制は取れているのです。

変化の激しい現在の世の中では、何事に対しても絶対の正解はありません。

コロナ禍に対しては、多くの人が多くの意見を述べましたが、結局のところ、感染拡大を抑えるための絶対的な正解はありませんでした。

そこで、それぞれの国がそれぞれのやり方でパンデミックに対処し、感染を抑えられた国も、あまり抑えられなかった国もありましたが、抑えられた国のやり方が絶対に正しかったのかといえば、そんなことはなく、ただその国の環境と状況と時期にマッチしていたというだけだったことが、第2波、第3波を見てわかりました。

例えば、経済を優先してロックダウンを行わず、自然に免疫を獲得するような独自のコロナ対策をとったスウェーデンは、本当に失敗だったのでしょうか。あるいは、感染者と感染者に接触した疑いのある者をすべて監視対象に入れて、行動を制限した中国のやり方は、感染を抑えられたから絶対に正しいといえるのでしょうか。

10年前の東日本大震災での福島原発における事故対応も、いまだに賞賛する人と非難する人とが分かれています。

私たちは絶対的な正解のない世界に生きているのです。

ビジネスでも同じことです。

どのような会社でも、経営者がどんなに仕事ができたとしても、その経営者一人の考え方を全員に押し付けるようなやり方では、判断を間違えたときの被害が甚大になります。

経営者も従業員の一人ですから自分の意見を言うのはよいのですが、それはあくまでも個人の意見であり、その経営者一人が実践すればよいことで、それぞれの従業員にはそれぞれの頭があり、それぞれの考え方があり、それぞれの実践方法があるはずです。

例えば、お客さまとの打ち合わせを行うに当たっても、ZOOMを使ってリモートで行うのがいいのか、それとも臨場感を優先してオフラインで対面するのがいいのか、どちらが正解ということはないはずです。

私は経営理念を作るときに、当初は「社員の幸せを追求」という言葉を考えました。しかし「社員」といってしまうと、アルバイトとかパート従業員とか、社員でない人が除外されてしまいますし、「社員」という一つの箱にみんなを入れてしまって、全員で一つの幸せを目指すかのようなニュアンスが出てしまいます。

幸せは一人ひとりで異なるのですから、「社員の幸せ」なんてものは経営者の押し付けであり、自己満足になってしまうと思ったので、「働く仲間一人ひとりの幸せ」と、表現を変更しました。

ここには「一人ひとりがそれぞれ、自分には何が幸せかを考えてほしい」という意味が込められています。

「一人ひとり」という表現は、多様性を受け入れるという私からのメッセージのつもりでした。

上意下達の軍隊式のピラミッド型の会社にいると、どうしても「会社」や「法人」という一つの組織の一部であるかのような気持ちになってしまいます。

仕事のうえで組織人として協力し合うのは当然なのですが、仕事を離れれば私たちはそれぞれが異なる個人であり、また仕事のうえでもそれぞれが異なる特性を持っているので、まったく同じような働き方はできないことを常に意識したいと思います。

自律を尊重すると、多種多様な意見が生まれる

会社における経営理念は一つだけですが、そこからの考え方は人それぞれですから、各自の仕事の進め方も多種多様になります。

このように、従業員それぞれで働き方も正解も違うというのは、肉体的、環境的な条件

が各自で異なるからです。

例えば、体が大きくて体力のある男性従業員は、背が低くて体の小さい女性従業員よりも力仕事を得意としていますから、体力を活かした貢献の優先順位が高くなるかもしれません。

あるいは、小さいお子さんを保育園に預けていて、遅くまで働けないお母さんやお父さんの場合は、早朝から仕事をするタイムシフトで、働く仲間やお客さまに貢献しようと考えるかもしれません。

日本で育てば日本人の考え方になりますし、アメリカで育てばアメリカ人の価値観をインストールされますから、生まれた国や育った環境が違えば、それぞれで考え方が異なるのは当たり前です。

どのようなかたちでお客さまや働く仲間に貢献するかは人それぞれなので、会社から「こうしろ、ああしろ」という指示は出さないようにしています。

残業を減らすことについても、「残業は月何時間まで」とか「何曜日はノー残業デー」などとルールを作ることは簡単ですが、それでは「押し付け」になってしまうので、ある時期からは何も言わないようになりました。

何も言わずとも、話し合えば自分で「残業は減らしたほうがいい」と気づくほどに、自律した従業員が増えてきたのだと思います。

私にできるのは理念を作って方向性を示すことだけで、その方向に向かってどのように実践していくかはそれぞれが考えることです。

今の時代は「自律」が尊ばれる時代だと思います。

人気のユーチューバーとかタレントを見ていても、はっきりと自分の意見を言える人が受けているように感じます。

その意見が採用されるか、されないかはともかくとして、会社においても自分の意見を言えることはとても大事です。

例えば、会議に参加してずっと黙っていることは、その人の会議における存在価値がないことに等しいですから、なんらかの発言が求められます。

同様に、自分の仕事については、どのように進めるのがよいのか、何を考えてどのような判断になったのか、聞かれたら常に答えられるようにしておかねばなりません。

この場合でも上意下達の「押し付け」マネジメントは弊害しか生みません。

上から「ああしろ、こうしろ」と指示命令されることが当たり前になってしまうと「どうせ自分の意見なんか聞いてもらえない」と感じて、何も考えずただ言われたことをやるだけの人になってしまうからです。

私は、新入社員でも派遣社員でも、誰もが自分の意見を表明できて、それに耳を傾ける風土があるのが良い会社だと思います。

日本には長幼の序があって、年配者に敬意を払うようにしつけられますから、どうしても遠慮して意見を言うことを控えてしまう傾向がありますが、若い人でも積極的に意見を言えるように、年配者が関わり方に注意しなければいけません。

例えば、上司が意見を言うときは、まず部下の意見を先に聞くとか、プライベートでも自分の意見を押し付けないようにするとか、若い人が意見を言えるような土壌づくりが大切だと思います。

年配者のなかには「経験も知識もない若い子の意見は参考にならない」と思う人もいるでしょうが、実際のところ、世の中の変化が激しすぎるので、特にＩＴに関していえば「経験も知識もない」のは年配者のほうなのです。

コロナ禍以降は、若い人の意見のなかに「生産性向上」や「業務効率化」に役立つものがたくさんあって、重宝しました。

年配者の意見が役に立たないというつもりはありません。しかし、過去の成功体験にとらわれて、時代が変化しているにもかかわらず、コロナ禍でも平気で対面営業を求めたり、ガラケーを使い続けているためにＳＮＳで連絡がとれなかったりする年配者が多いのも事実です。

年齢はただちに人の優劣を決めるものではありません。若いほうがいいとか、歳を重ねているほうがいいとかではなく、お互いに相手とは異なる環境を生きてきて、異なる知見を持っているのだから、それをお互いに尊重して、意見交換をしていきたいものですね。

自律的な社員が増えたから自然と出来上がった行動指針

会社を経営してきてうれしかったことはたくさんありますが、よく覚えているのは私が経営者になってから2年目のことです。

それまでは、自律した従業員が望ましいと思っていても、いきなりは無理だったので、「残業時間の削減」にしても、「生産性の向上」にしても、私が上から「こうしたい、ああしたい」と私が投げ掛けて、何度も言ってから、ようやく実践に移行する感じでした。

ところが、ある日、従業員のほうから「クレドを作りたいのですがよろしいですか?」と言ってきたのです。

クレド(Credo)とは、ラテン語で「志」や「約束」や「信条」を表す言葉で、企業では従業員の行動指針といった意味で使われます。

リッツ・カールトン・ホテルのクレドが有名になり、そこから多くの企業でクレドが作られるようになったのですが、そこまで手が回っていませんでした。

ところが、私が会社全体の経営理念を作って、そこから「理念」「理念」と何度も繰り返すようになったので、企業全体の「経営理念」とは別に、もっと従業員の一人ひとりが行動の指針とできるような「クレド」があったほうがいいと考える人が出てきたのです。

それを従業員のほうから「作りたい」と言ってきてくれたのは、私にとっては「自律した従業員」が出てきたことになりますから、非常に喜ばしい出来事でした。

ここで私が口を出すと、また彼らの自立精神をつぶしてしまいますから、クレドの作成はすべて提案していただいた従業員に任せることにしました。

このクレドが出来上がったのは２０１７年の９月のことになります。私がグループの代表に就任したのが２０１５年の１月でしたから、経営理念を掲げて理念経営に乗りだしてから、従業員が自主的に動くようになるまで、およそ２年半の月日がかかったことになります。

時間はかかりましたが、私のやってきたことが間違っていなかったとわかり、たいへんうれしく感じました。

完成までの過程も望ましいものでした。

クレドは、すべての従業員がこころがける行動指針だからと、すべての従業員に参加を呼び掛けてクレドプロジェクトを立ち上げて、時間をかけて検討したようなのです。

そうして出来上がったクレドは、一人ひとりが仕事をしていくなかで心掛けることとして、日本語で「ココロガケ」と名付けられました。

働く場所も働く人も異なるので福島と東京ではそれぞれ別々のココロガケが作られたのですが、そのような細かな気配りも、すべて自分たちで考えて「このかたちがよい」と決めたものなので、私はいっさい口を出していません。

出来上がったココロガケは、例えば福島版では次のようなものになりました。

①　バカまじめ
②　目配り、気配り、心配り
③　For You
④　目指せアイドル
⑤　Speed player
⑥　シゴトの逆算
⑦　プロとして
⑧　１２０％事前準備＝成果１２０％
⑨　ノンストップ
⑩　ＯＮ／ＯＦＦスイッチ
⑪　Ｔｅａｍ　ＫＦＳ
⑫　黒字１００％

グループの従業員以外で、この「ココロガケ」のタイトルを見て、それが何を意味しているのかすぐにわかる人は少ないと思います。

平均年齢も若いので、言葉遣いもカジュアルですし、まるでメモ書きのように見えるかもしれません。

私はそれでよいと思います。

というのも、行動指針というのは人に見せて褒めてもらうためのものではなく、自分たちが使うためのものだからです。

ですから、自分たちが最も親しみやすく、心躍る表現を選んでくれれば、それで生きた行動指針になると考えています。

興味のある方のために少しだけ説明を加えさせていただきますと、例えば4番の「目指せアイドル」は「私たちは、まず笑顔で接し、お客さま（ファン）の笑顔と元気を作り出します」という意味ですし、6番の「シゴトの逆算」は「私たちは、一つひとつの仕事をゴールから逆算して取り組み、仲間の時間を大切にします」というココロガケです。

経営理念がなければ経営者は堕落する

「ココロガケ」が従業員の行動指針だとすれば、経営者の行動指針は、経営理念です。従業員が迷ったときに「ココロガケ」に立ち返るのと同様、私も何かに迷ったときは常に経営理念に立ち戻って「貢献する企業であり続ける」と心に唱えることにしています。

この経営理念をまっさきに作ったというのは、私の経営者人生のなかで、最大のヒットであったかもしれません。

なぜならば、自分の上に、自分よりも優先すべき存在として経営理念があると、自分の情や欲に流されることがなくなるからです。

私が経営者としてよい成果を残せてこられたのだとするならば、それは経営理念をまっさきに作って、自分よりも経営理念を大切にしてきたからだと考えます。

通常、中小企業の従業員というものは、いつも経営者を見ていて、経営者の動く方向に向けて動きます。

なぜなら、中小企業の場合、人事評価をするのも、仕事を割り振るのも経営者であることが多く、会社の方向性や長期的展望を決めるのにも、経営者の影響力が大きいからです。

そうやって、従業員が経営者の一挙手一投足を注視しているので、中小企業の経営者はまるで権力者になったかのように錯覚してしまうことが多いのです。

しかし、経営者の影響力の大きさは諸刃《もろは》の剣です。

従業員が皆経営者のほうを向いて動くため、もし経営者が判断を間違えてしまった場合には、全員で誤った方向に進んで、崖から落ちることにもなるからです。

そうならないためにも、経営者は周囲にイエスマンを置くなとか、自分を厳しく律せよなどといわれるのですが、経営者だって人間なので、そうそう自分に厳しくしてばかりもいられません。

イエスマンのくだりにしても、イエスマンを置きたくて置いているわけではなく、経営者の周りには自然とイエスマンが集まってしまうのです。

また、イエスマンではなく、直言居士をそばに置こうとしても、経営者も人間ですから、自分に反対ばかりする人間は、有用だとわかっていても敬遠してしまいがちです。

そうなると最終意思決定するときに必要な情報が入ってこなくなります。

つまり、経営者は長く務めれば務めるほど、誘惑が多くて堕落しがちになるのです。

そこで必要なのが経営理念です。

私は、自分が弱いことを十分に知っていますから、自分の感情よりも経営理念を優先させることにして、常に理念をセンターにおいて戻るようにしています。

極端なことをいえば、私は経営理念に命をかけて向き合っています。

では、従業員もそうしてくれているのかといえば、そのようなことはありません。彼らは、経営理念ではなく、経営者のほうを向いて動いています。

だからこそ余計に、経営者は経営理念のほうを向いて、従業員を先導しなければならないのです。


経営理念を作らなくても、あるいは存在していてもほとんど気にせずに、売上重視の経営で成果を上げている企業も世の中にはあると思います。

経営理念に対して思い入れが強いのは、それを作った経営者だけであって、従業員にとって大切なのは、自分たちで決めた、わかりやすい「ココロガケ」（行動指針）のほうなのです。

なにしろ、経営理念を何遍唱えてもそれで売上が伸びるわけではありません。けれどもおそらく現場の人が「ココロガケ」を守っていれば、売上は伸びるでしょう。

だからといって「経営理念」がおろそかにされていいと思っているわけでもなく、私はことあるごとに「理念に立ち返るように」と口にしています。

なぜならば、経営理念があれば、少なくとも経営者や従業員の心が豊かになるからです。これは「意見の押し付け」ではなく「価値観の共有」だからです。

よく勘違いされる方がいるのですが「押し付け」と「価値観の共有」は異なります。子どもに対しても従業員に対しても、「あれをしろ、これをしろ」といった行動の強制はよくないのですが、価値観の教育は最初に行わなければなりません。

何も教えずに、最初から何でもできるという人はいないからです。子どもであれば歯磨きやトイレトレーニングは最初に絶対に教えますし、従業員に対しても挨拶や言葉遣いといったビジネスマナーは最初の研修で教えます。

自分の頭で考えるのはその後の個々の仕事の進め方であって、基本はきちんと教育しなければなりません。

歌舞伎役者の中村勘三郎さんが「型を知っているから型破りができるが、型を知らなければ形無しだよ」と語ったという話を聞いて、まったくそのとおりだと思いました。

私が提唱する経営理念というのは、会社における型に当たります。型を知っていて、型がしっかりと身についたからこそ、自身の個性が出てくるのであって、理念を知らないままにめちゃくちゃをやるのでは、せっかくの優秀な能力も「かたなし」です。

自社のサービスの本質は何かを考える

「生産性向上」の取り組みを始めたとき、「労働時間の削減」と合わせて「労働成果の向上」にも取り組まねばと思いましたが、正直なところ、最初はどうしていいかわかりませんでした。

経営者ですから、成果や売上の向上は常に考えていますが、常に考えていてもなかなか良いアイデアが浮かばないので、「生産性向上」の旗印に急かされたところでアイデアが出てこないのは当たり前ともいえます。

「労働成果の向上」とは、わかりやすくいえば、同じ仕事であっても付加価値を付けて売上を伸ばすことです。

そこで、既存の業務にプラスアルファの付加価値を付ける方法を探すために、私は自分たちの仕事の本質とは何かを考え始めました。

それまでの主力業務は税務申告の代行です。これはお客さまにとってどのようなサービスであるかと考えたときに、残念ながらあまり喜ばれていないことがわかりました。

喜ばれていないというのは、サービスが悪いということではなく、そもそもお客さまは税務申告に対してあまり良い印象を持っていないという意味です。

税務申告とは、車検と同じで、しなければならないものとルールで定められているためにしなければならないもので、お客さまが喜んで率先して行うものではありませんでした。

税理士事務所のビジネスは既成の法律に守られた特殊産業で、お客さまから喜んで求められるようなサービスを提供できていなかったのです。

逆にいえば、ここに付加価値を付けることができれば、同じ業界のなかでライバルに大きな差をつけることができます。

もし私たちの仕事が「車検」だとすれば、素早く正確にといったことが付加価値として考えられますが、実はそれでは付加価値＝さらにお金を払っても良いサービスにはなりません。なぜなら、車検そのものがお客さまにとって喜んで率先して行うものではないからです。

では、「車検」を提供している会社が付加価値を提供できるとしたらどのようなサービスになるでしょうか。

その答えは、一見、「車検」とは無関係の「カーナビ」にあります。「車検」は、ルールの下で行わなければならないサービスですが、「カーナビ」はなくてもいいけどあれば便利というもので、お客さまにとっては付加価値になり得ます。

そして「車検」代行の会社が「カーナビ」を取り扱うべき理由は、毎年の「車検」で数多くのお客さまをすでに抱えているうえに、これまでの仕事で信頼感や安心感といったブランドイメージを手にしているからです。

つまり、お客さまとの絆があるので、「カーナビ」を売りやすいのです。

私たちにも、この例と同じことがいえます。

税務申告という、安全と安心を守る業務を任されている私たちは、お客さまの付加価値につながる経営コンサルティングとか、資金調達やＭ＆Ａの相談とか、保険などの経営に関するサービスを提供することができるのです。

それまで、私たちのサービスの本質は「代行」だと思っていましたが、そうではありませんでした。税務申告を代行している会計事務所は、お客さまの通帳も見られますし、借金の情報も知っていますし、マル秘の情報も見せていただいています。お客さまは、私たちを信じて、そして頼っていただいているのです。

つまり、私たちのサービスの本質は「信頼」だったのです。

この「信頼」という言葉が出てきてから、売上はぐんぐんと伸び始めました。

お客さまが経営について何かを相談したいとき、あるいは何かの導入を考えているとき、長い付き合いのある会計事務所以上に信頼できるパートナーはいないからです。

仕事の本質とは、お客さまが本当に望んでいることであり、私たちのサービスを望む理由です。例えば、洗濯機の本質は、２層式であることでも、全自動で乾燥までやってくれることでも、ドラム式で水が少なくても洗えることでもありません。それは単なる機能の進化です。洗濯機の本質とは、つまりお客さまが望んでいることは、服の汚れがきれいに落ちることです。

だとすれば、洗濯機ではなくて、洋服をクリーニング屋に届けるサービスでもお客さまは満足するかもしれません。もっといえば、そもそも汚れない服というものがあれば、お客さまはそちらを選ぶかもしれません。

現在、ＩＴの進歩といわれているものは、本質の解決ではなくて、機能の進化であることがほとんどです。

ＡＩで仕事がなくなるなどといわれていますが、仕事の本質を考えてみれば、そう簡単にＩＴやＡＩで代替されるものではないことがわかります。

第5章

福島の企業として、日本の企業としての決意

母に教わった「貢献」という言葉

11年前の2010年4月29日に、私は母を亡くしています。当時、長男の私がまだ29歳でしたから、母もまだ亡くなるような年齢ではありませんでした。

実際、3月頃までは元気に働いていたのですが、ちょっと体の調子が悪いと言いだして、確定申告という繁忙期が終わった3月中旬に病院にいったところ、ステージ4のすい臓がんでした。

それから母が亡くなるまで1カ月もありませんでした。

私にとって、母は家族の中心でした。カリスマ創業経営者として、独善的なところのあった父をサポートして家族や会社を成立させていたのは母の献身によるところが大きかったと思います。

その母が亡くなってから、父も情緒不安定になっていて、とてもではないですが、父を見捨てて、自分だけ福島をあとにはできないと感じていました。

万が一のときには、長男の自分が会社と従業員を守らねばならないと思ったのです。しかし、もし母が生きていて父と会社をサポートし続けていたら、もしかすると自分は福島を出ていたかもしれません。

あるいは、東京の大学を卒業後にそのまま東京で就職していたら、そもそも福島に戻って来ることもなかったことでしょう。

運命とはちょっとしたことで決まってしまうものです。

私は両親を尊敬しています。

父は何もないところから税理士資格を取得し、スタッフ20人の会計事務所を作り上げ、福島市内で五指に入るような税理士でした。

母は、ちょっと気性の荒いところのある父をよく助け、二人の子どもを育て上げ、死ぬ間際まで他人への気遣いを忘れない人でした。

2010年の3月、食べたものを戻してしまうようになって病院に行った母に下された診断は、ステージ4のすい臓がんでした。

病院から帰って来た母が、最初に取った行動は、私を面食らわせるようなものでした。

母はまっさきに写真館に行って、自分の遺影を撮影してきたのです。

「そんなもの、どうでもいいじゃないか。もっとほかにしたいことはないの？」と私は聞きました。

母の答えは次のようなものでした。

「だって、これからあなたたちが毎日仏壇に来てくれるんでしょう。そのときに私の笑顔が見られなかったら嫌じゃない？」

びっくりしました。

母は自分の命がなくなるというときにも、死んだあとの私たちのことを考えてくれていたのです。

私が今、会社の経営理念に「貢献する企業であり続ける」と書いて、「貢献」をキーワードにしているのは、母の生き方がまさに「貢献」そのものだったからです。

私は母から「貢献」ということの本当の意味を学びました。

自分のことはわきにおいて、何よりもまず他者を優先させることが「貢献」です。

神ならぬ人の身にはなかなか難しいことですが、その理想に向かう志だけはいつも忘れないようにしたいと思っています。

東日本大震災と原発事故を受けて

私は福島生まれの福島県人で、東京に進出してはいますが、今でも本社は福島にあります。10年前までは、福島といえば果物、米、そして日本酒などが有名でした。

しかし、２０１１年3月11日の東日本大震災、それに続く福島第一原子力発電所事故以来、福島には放射能汚染のイメージがついて回ることになりました。原発の事故から数年間にわたって、福島県の農産物は、果物も米も風評被害で売れなくなり、農家は苦しみを味わいました。原発の近くに住んでいた方は、生まれ育った家や土地を捨てて避難せざるを得なくなり、そのなかには新しい土地での生活に馴染めず、いじめを受けたり、自殺したりした方もいると聞きます。

私が住んでいるのは福島市で、福島第一原発との距離は50～90キロメートルほどもあり、もちろん避難区域にも入っていないのですが、「福島」と名前が付いていることもあり、非常に迫害を受けたと感じています。知り合いの経営者のなかには「もう福島ではビジネスはできない」と、福島県を出てやり直された方もたくさんいらっしゃいます。

私も、当時は妻が第二子を妊娠中で、非常に怖い思いをしましたが、働いていた父の会計事務所のお客さまのほとんどが福島市内に残っていらしたので、父も「ここを出るわけにはいかない」と言っていましたし、腹をくくって福島にとどまることにしました。

簡単な結論ではありませんでした。通常、生まれ育った土地に暮らしている人は「なぜ自分はここに住むのか」なんてことは考えません。ただそこに生まれてきて、家があって、家族がいるというだけで、住み続ける理由には十分だからです。

しかし、福島県民の多くは、東日本大震災の爪痕と、放射能汚染という目に見えない脅威にさらされて「なぜそれでも福島に住み続けるのか」という問いを突き付けられました。

私の答えは「父や母が大切にしてきた会社を、社員を、お客さまを残して逃げられない」でした。


福島に残ると決めた以上、あとはもう覚悟を決めて、そこで自分にできることをせいいっぱいやるしかありません。震災、原発事故、そして労基署の立ち入り調査と、次々と災難が起こりましたが、起きてしまったことに文句を言っても仕方ありません。なんとかすべてを乗り越えた今では、私のことを褒めてくれる人もいますが、当時は、どんなに悲惨な状況であろうが、とにかく目の前のことを一つずつやっていくしかないという心境でした。福島に残ることを決めた以上、福島を好きになって、福島に誇りを持って、ここで幸せになるしかなかったからです。

会社も同じです。父の後を継いで経営を見ると決めた以上、従業員もいるし、お客さまもいるので、投げ出すなんてとうてい考えられず、ここで成功するしかないと思いました。放射能汚染のうわさで多くの方から差別を受けたことも、逆境ではありましたが、逆に福島県民の団結を強めたような気がします。大学進学で東京に出るまで、私にとって福島はただ生まれ育った場所というだけでしたが、今ではすっかり愛着のある土地になりました。

日本の中心地は東京であると、おそらく東京の方は思っているでしょう。

確かに政治の中心地は東京であり、東京都のＧＤＰはインドネシアやオランダといった国家を上回るほどの経済力も持っています。しかし、私は福島の企業であることに誇りを持っています。

将来的に、グローバル企業になったときに本社機能をほかの土地に移す可能性を否定するものではありませんが、福島が創業の地であることは大切にしていきたいと思います。あるいは、トヨタ自動車が豊田市に多大に貢献しているように、私たちもいずれは福島市に恩返しができるようになりたいと考えています。

日本の将来に対する強烈な危機感

私が生まれたのは1981年ですが、当時の日本は社会も経済も右肩上がりで多くの人が将来に希望を感じて生きていました。ひるがえって今はどうでしょうか。

2011年の福島第一原発の事故は、日本が誇っていた科学技術や安心安全神話に大きな傷を作ってしまったように思います。10年経っても福島第一原発の事故は終息せず、溶けた燃料のデブリはいまだ取り出すこともあたわず、つい最近も原発処理水の海洋放出のニュースが世間を騒がせています。

思い返せば、２０１1年というのは、中国が名目ＧＤＰで日本を抜いて世界2位になったと発表した年で、日本は経済大国の地位も失いました。

日本の人口のピークも２００8年で、２０１０年には前年度よりもやや増加しましたが、その後はずっと減少を続けていますから、このさき経済が大きく回復するとも思われていません。65歳以上の高齢者人口はおよそ3割となり、３人に1人が高齢者となっています。よくいえば成熟社会ですが、悪くいえば衰退社会です。

近年ではかなり明るいニュースであった２０２０年東京オリンピックも、コロナ禍で1年延期となり、この原稿の執筆時点では２０２1年の開催も危ぶまれているような状況です。そのコロナ禍に対しても、日本は世界全体で見れば感染を抑えているほうですが、一方で国産ワクチンの開発がかなわず、２０２1年4月時点でのワクチン接種率はＯＥＣＤ37カ国中で最下位と、科学技術立国の地位も危うくしています。

暗いニュースばかり並べてしまいましたが、私はこの事態を素直に受け入れているわけではありません。バブル景気を経験された年配の方たちは「いい時代を生きることができた」と昔を懐かしんで諦めてもいいでしょうが、私はこの原稿を書いている時点ではまだ

39歳で、このまま老け込むことも、逃げ切ることもできません。

また、私の2人の子どもたちはいまだ中学生と小学生です。彼らが大人になったときに「日本は、昔はよかったけれど、今はだめになった」なんて言えるでしょうか。子どもたちにはやろうと思えば望むことがなんでもできるように、環境を整えてあげるのが大人の使命ではないかと思います。

まだグループ全体で従業員が60人規模の中小企業の経営者が言うことではないかもしれませんが、私は日本をこのまま終わらせたくはありませんし、そのためにももっと大きくなって、将来的には世界市場に打って出たいと考えています。その第一歩として、東京にも支社を置きました。

父の代では福島市内だけの会計事務所でしたが、規模が大きくなるにつれて福島市外のお客さまも増えてきたこともあり、また、やはり福島第一原発のその後の処理も心配で、万が一の事態を想定しての東京進出でした。東京では、本業のほかに市ヶ谷で、デジマベース（DIGIMA BASE）というコワーキングスペースの運営も行っています。デジマベースは「出島」という名前からもわかるように、海外ビジネスに特化して、さまざまなアイデアが生まれるようなコミュニケーションの創発を目的としたスペースです。

中小企業のビジネス支援全般のノウハウを持つケーエフエスグループのバックアップ体制を整えて、これからの日本の将来を担うベンチャー企業の支援をしていきたいと考えています。グループ会社には、スタートアップやベンチャー企業の支援を行う、未来経営パートナーズもあるので、シナジー効果も見込んでいます。

私は、ものごころついた頃にはすでにバブル景気が崩壊していて、停滞する日本の姿しか知りません。自分たちが何もせずに指を咥えていたら、ますます日本は衰退するという危機意識を持っています。若い経営者仲間と話すと、多かれ少なかれ同じような危機感があって、皆どこかのタイミングで世界市場に出て行かなければと考えています。

まだ中国にＧＤＰで負けていなかった頃には、日本の若者は内向きで元気がないとか、将来が明るくなるという希望を持っていないなどといわれたものですが、何もかもが変わってしまったあの東日本大震災から10年が経ち、私たちはもはや経済大国ではなく、新たなチャレンジャーであるという意識のもとに、再び世界に立ち向かおうとしています。

この本を読んでくださった方のうち、もし一緒に挑戦したいという方がいらっしゃるのであれば、ぜひ協力し合いたいですし、もう自分は現役ではないという方も、私たち日本の若い経営者を応援していただければうれしいです。

新型コロナウイルスの流行で、企業の明暗が分かれた

ＶＵＣＡ（ブーカ）という言葉をご存じでしょうか？ Volatility（変動性）、Uncertainty（不確実性）、Complexity（複雑性）、Ambiguity（曖昧性）という4つの単語の頭文字を組み合わせたもので、めまぐるしく変化して確かなものが何もない現代の社会状況や経営環境を表現したものです。

現在はまさにＶＵＣＡのただなかにあります。

２０１９年の時点で、1年後の東京オリンピックが開催されないなんて事態を予想している人はいません。

やや古い話になりますが、アメリカでのトランプ大統領の当選も、イギリスのＥＵ離脱（ブレグジット）も、どちらもマスメディアの大方の予想を裏切るもので、人々の心を不

安に陥れました。

もちろん、10年前の東日本大震災も、そのあとに続いた福島第一原発の事故も、まったく想定外の事態でした。

今でいえば、やはり新型コロナウイルスの流行です。

これまでにもパンデミックと呼ばれる事態はありましたが、まさか全国の小中学校が、場所によっては3カ月もの長期にわたって一斉休校になるなんて思いもよりませんでした。

全国の給食業者はもちろん、緊急事態宣言の発令で夜の街には人通りが絶え、飲食店や、飲食店に食材を卸す業者は経営が悪化し、その一方でマスクとアルコール消毒剤が品不足となり、まさかトイレットペーパーまでがお店から消えるなんて、想定していた人はいないと思います。

教科書でしか見たことがなかったオイルショックの狂騒の再来を目の当たりにして、人間はそう簡単には進歩しないものだと思い知らされました。

コロナショックは、従来どおりの安定した経営を、想定どおりに粛々と進めたい方にとっては逆風であったかもしれませんが、私たちのように、ビジネスチャンスを虎視眈々とうかがっている若い中小企業にとっては好機にもなりました。

コロナ禍で、外出が控えられ、在宅ワークが勧奨されるなどＤＸ（デジタルトランスフォーメーション）が進められるなかで、ＤＸ支援という新しい市場が拓けたからです。

そもそも、会計業界というのは特殊なところで、資料をデータ化して書類を作成するという、ＤＸに最適な業務であるにもかかわらず、なかなかＤＸ化が進んでいませんでした。

その理由は、お客さまの用意する資料がアナログのままであることが多く、また成果物についてもお客さまにお見せする都合上、アナログ化しなければならなかったからです。

インプットとアウトプットがアナログのままなので、業界が全体としてアナログなインターフェースを是としてきたところがあります。

しかし、コロナ禍で、ソーシャル・ディスタンスが推奨されて対面が忌避されるようになり、一気にＤＸ化が進むようになりました。

そのとき有利になるのは、以前からＤＸ化を推進していた、私たちのような若い企業です。

もともと私たちは、生産性向上の施策の一環で、一人の担当者が仕事のすべてのプロセスを抱え込む従来のやり方を廃止、製販分離の分業化を進めていました。

分業化を成功させるためには、漏れや抜けのない迅速なコミュニケーションが必須ですが、そのためには、データをまったく同じままにコピーできたり、遠くの人にも一瞬でデータを送信できるデジタルツールが欠かせません。

早くからＤＸ化への取り組みを進めていたために、そのノウハウを企業に教えるＤＸ支援、バックオフィス支援が新規事業として立ち上がり、今かなりの勢いで伸びています。

これはただ運が良かったというだけではなく、新しいことに常に取り組み改善を続けていたために、突発的な出来事にも対応できたし、ピンチをチャンスに変えられるように臨機応変に動くことができたのだと考えています。

ですからこの本を読んでくださっている経営者の皆さんも、どうか新しいことに挑戦するのをためらわないでください。

コロナ禍で生き残った飲食店は、すぐにテイクアウトに対応したり、深夜営業の代わりに早朝営業に挑戦したりと、変化を怖れずに率先的に動きました。

ＤＸには、セキュリティ上のリスクだったり、一から新しいことを覚える面倒くささだったり、若い子に知識で負ける怖さだったり、いろいろと不安があると思いますが、日本の将来を考えて、長期的な視点で導入を検討していただければ幸いです。

おわりに

経営者というものは、本当に、裸の王様になりがちです。

だからこそ耳に痛い意見も聞く必要がありますし、常に謙虚さを忘れず、素直さでもって、何事にも感謝する気持ちを抱き続けたいと、自戒を込めて感じています。

そのために、毎日5回、他人に「ありがとう」と言ってくださいというノウハウを見たことがあります。

私も、これは良いと思って実践してみたのですが、他人に「ありがとう」と言うのは実は意外と簡単です。

仕事をしていれば、他人に何かを頼む機会はいくらでもあるのですから、5回くらいは、あっというまに達成してしまいます。

そこで現在、私はそのノウハウを独自にアレンジして使っています。

それは、毎日3回、他人から「ありがとう」と言われるようにすることです。

これが意外と難しいのです。

実際にやってみるとわかるのですが、他人はなかなか「ありがとう」と言ってくれません。というか、すぐに言ってくれる人とそうでない人がいます。

なかなか言ってくれない人でも「ありがとう」と思わず言ってしまうような行為とはなんだろうと考え始めると、奥が深いと感じます。

もしよかったら、あなたも試してみてください。

自分で「ありがとう」と言うのは簡単ですが、他人に言ってもらうには自分本位ではなく相手の立場に立って考えて行動する必要があります。


私の話に共感して膝を叩いてくれた方もいるでしょうし、もしかするとご不快になられた方もいるかもしれません。

最後に断っておきますが、本書に述べたことは、あくまでも私自身の体験から、私自身が感じた知識でありノウハウであり、私にとっては血のにじむような努力から得たものですが、ほかの方にもまったく同じように通用するとは限りません。

書籍の紙幅の制約上、言葉足らずになったところもあるでしょうし、本書を読んでいろいろ疑問を抱いた方もいるかもしれません。

そのような方は、機会があればぜひ私どもに会いに来ていただきたいと思います。福島のため、日本のために一緒に何かができれば幸いですし、そうでなくとも知見を交換してお互いに得られるものがあれば一期一会ともいえる良い出会いになるでしょう。

私の好きな言葉は「貢献」であり「信頼」であり「誠実」です。そのような言葉を好きな方、そして人よりも「卓越」したものを持とうと常に「努力」をされるような方は応援していきたいと思います。


経営者は孤独だといわれますが、私は経営者になってよかったと思います。

つらいことや苦しいこともたくさんありましたが、自分に対するこだわりがなくなって、他人の喜びを自分の喜びとして感じられるようになったこと、個人ではできないようなことにも取り組めるようになって、社会に「貢献」していると感じられるようになったこと、多くの従業員の生活を支えることができたこと、逆に、多くの従業員に支えられる幸せを感じられることなど、楽しいことやうれしいことがたくさんありました。

人数が多過ぎて、一人ひとりの名前を挙げることはできませんが、私のこれまでの人生に関わってくれた方のすべてに、この場を借りて感謝の言葉を捧げたいと思います。
ありがとうございます。

小島清一郎（こじま　せいいちろう）

ケーエフエスグループ　代表
株式会社ケーエフエス　代表取締役
株式会社ケーエフエスコンサルティング　代表取締役
株式会社KFSライフ設計　代表取締役
未来経営パートナーズ株式会社　代表取締役
上級経営会計専門家
1981年福島県福島市生まれ。税理士の父が経営する会計事務所の後継ぎになることを意識して育ち、父の会社に入社。母親の急死、東日本大震災、突然の「事件」のなかで事業を承継。逆境のなか、理念経営を実践して生産性向上に取り組み、社員数３倍、売上高３倍、年間休日日数の増加、有給取得率85％に改善し大幅に生産性を向上し理想の会社を作り上げる。

本書についての
ご意見・ご感想はコチラ

残業だらけで倒産寸前だった
会社の経営者になった私が、
３年間で売上を３倍にできた理由

2021年６月28日　第１刷発行

著　者　　小島清一郎
発行人　　久保田貴幸

発行元　　株式会社 幻冬舎メディアコンサルティング
〒151-0051　東京都渋谷区千駄ヶ谷4-9-7
電話　03-5411-6440（編集）

発売元　　株式会社 幻冬舎
〒151-0051　東京都渋谷区千駄ヶ谷4-9-7
電話　03-5411-6222（営業）

印刷・製本　瞬報社写真印刷株式会社
装　丁　　弓田和則

検印廃止

Printed in Japan
ISBN 978-4-344-93268-5 C0034
幻冬舎メディアコンサルティングHP
http://www.gentosha-mc.com/